U0947157

● 国家自然科学基金项目资助成果（项目编号：71450005）

JINGJI ZHOUQI DUI SHANGSHI GONGSI YINGYU GUANLI DE YINGXIANG YANJIU

经济周期对上市公司盈余管理的影响研究

胡华夏 洪荭 张利 著

图书在版编目(CIP)数据

经济周期对上市公司盈余管理的影响研究/胡华夏,洪荭,张利著. —武汉:中国地质大学出版社,2015.12

ISBN 978-7-5625-3787-8

Ⅰ.①经…
Ⅱ.①胡…②洪…③张…
Ⅲ.①上市公司-企业利润-研究
Ⅳ.①F267.6

中国版本图书馆 CIP 数据核字(2015)第 313330 号

经济周期对上市公司盈余管理的影响研究 胡华夏 洪 荭 张 利 著

责任编辑:彭 琳 责任校对:周 旭

出版发行:中国地质大学出版社(武汉市洪山区鲁磨路 388 号) 邮政编码:430074
电 话:(027)67883511 传 真:67883580 E-mail:cbb @ cug.edu.cn
经 销:全国新华书店 http://www.cugp.cug.edu.cn

开本:787 毫米×960 毫米 1/16 字数:211 千字 印张:10.75
版次:2015 年 12 月第 1 版 印次:2015 年 12 月第 1 次印刷
印刷:武汉市籍缘印刷厂 印数:1—500 册

ISBN 978-7-5625-3787-8 定价:38.00 元

前言

目前,中国资本市场处于"新兴+转轨"的环境中,在资本市场的运转过程中,上市公司不是独立运行的,它与资本市场相互联系、相互作用,它的行为直接影响资本市场的稳定,甚至对国际资本市场产生影响。上市公司信息披露的充分性、完整性和真实性是资本市场资源配置效率的关键决定因素之一,也是中国资本市场发挥价格发现与资源优化的两大功能、实现资本市场有效运行的前提。然而,上市公司管理层为了呈现良好的成长状况、保持更高的竞争水平,常常利用会计政策与法律、法规的漏洞进行盈余管理,对我国资本市场的稳定运行造成巨大的冲击。因此,上市公司的盈余管理活动是影响投资者、监管机构及会计准则制定机构决策的重要因素,也是学术界研究的核心问题之一。

目前,关于盈余管理的研究大多数是从政府监管、管理层或者市场投资者的角度进行研究,较少关注宏观经济层面对微观企业行为的影响,也并未对其影响盈余管理的具体路径进行深入分析。而笔者主要从宏观经济视角出发,系统研究不同经济周期阶段下,投资者行为对盈余管理影响的机理,通过"经济周期→投资者行为→盈余管理"的演化路径,建立不同经济周期阶段下盈余管理的约束机制。通过理论分析和实证分析相结合,笔者主要从以下几个方面进行了创新性探索:

(1)通过经济周期对盈余管理的溢出效应的分析与检验,明确经济周期对盈余管理的作用机理。首先,分析了经济周期对公司经营环境的影响;其次,进一步分析它对公司基本面的影响及最终使得公司盈余管理程度发生变化的情况;最后,在理论分析的基础上实证检验经济周期对盈余管理的溢出效应。

(2)不同投资者行为对企业财务盈余信息的影响存在差异,为此,笔者构建了经济周期下不同投资者行为影响盈余管理的模型,明确了不同经济周期阶段两大类投资者行为对盈余管理的影响路径,即在经济周期作用下控股股东利益输送行为、机构投资者持股行为等对盈余管理的影响路径。

(3)笔者以投资者行为研究为纽带,就投资者行为对上市公司盈余管理的影响展开研究,有效地连接了宏观经济周期和上市公司微观行为,从一个新的视角解释了盈余管理的产生,探寻了公司治理及市场监管存在缺陷的根本性原因,进而提出了盈余管理约束机制。

(4)在研究经济周期、控股股东行为与机构投资者行为对盈余管理产生影响的同时,进一步研究了投资者情绪与市场波动对上市公司盈余管理行为的影响,分别从宏观－微观的角度,对盈余管理进行了全面深入的分析与实证研究,进一步丰富了盈余管理的研究框架。

受研究资源与研究水平的限制,笔者的研究仍存在一些局限性,如样本选取、研究角度等方面,这些问题有待于以后进一步讨论和研究,期望在以后的研究中加以完善。

胡华夏

2015 年 6 月于武汉

目　录

第一章 绪 论

第一节 研究背景和意义

一、研究背景

目前，中国资本市场处于“新兴＋转轨”的环境中，在资本市场的运转过程中，上市公司不是独立运行的，它与资本市场相互联系、相互作用，它的行为直接影响资本市场的稳定，甚至对国际资本市场产生影响。上市公司信息披露的充分性、完整性和真实性是资本市场资源配置效率的关键决定因素之一，也是中国资本市场发挥价格发现与资源优化的两大功能、实现资本市场有效运行的前提。然而，上市公司管理层为了呈现良好的成长状况、保持更高的竞争水平，常常利用会计政策与法律、法规的漏洞进行盈余管理，对我国资本市场的稳定运行造成巨大的冲击。因此，上市公司的盈余管理活动是影响投资者、监管机构及会计准则制定机构决策的重要因素，也是学术界研究的核心问题之一。

企业盈余管理动机究竟是管理层的“自利工具”还是股东的“价值利器”，这已成为近年来财务学和管理学交叉研究的热点。基于融资动机角度，在经济上行期，公司更倾向于向上盈余管理，提升股票的价值（Allayannis et al，2003），吸引外部投资者。在经济下行期，公司更倾向于向下的盈余管理，储备现金流，以备在上行期增加市场竞争力，提升公司的价值与投资者的持股价值（周敏，2009）。为显化投资者在宏观经济和微观企业中的隐形纽带作用，笔者从投资者视角，探讨在宏观经济环境波动的背景下，投资者行为是否产生波动，不同类型的投资者行为波动是否有共性特征，经济周期波动下投资者行为是否对上市公司盈余管理活动产生影响，影响机理是什么。针对这些问题，学术界鲜有研究。因此，笔者拟对经济周期波动下投资者行为与上市公司盈余管理波动以及盈余管理对市场波动的影响等进行重点研究。

本书在借鉴现有的盈余管理研究成果的基础上，揭示盈余管理受宏观经济环境因素驱动及客观环境因素与投资者行为主观因素协同影响路径，深入分析经济周期波动下控股股东行为、机构投资者行为及投资者交易行为等不同投资者行为对盈余管理的影响效应，并在此基础上，进一步研究在不同经济周期阶段下，上市公司的盈余管理行为与市场波动的联动效应。因此，从宏观意义上看，笔者为市场提供盈余管理前瞻性预期、塑造合意的经济发展思路，提升中国经济的竞争力，促进我国经济与国际经济更好地协同发展；从微观来看，笔者为控制上市公司盈余管理行为和盈余管理的内外部约束机制提供思路及实施策略。

二、研究意义

盈余管理是20世纪80年代以来会计学界兴起的一个前沿性研究课题，至今仍是现代会计理论研究的重要领域。虽然学术界对它的定义一直存在争议，但是盈余管理的基本特征得到了广泛认可。魏明海(2000)指出盈余管理的主体、客体和目的，分别是公司的管理人员、会计信息以及有目的的选择性行为。研究表明，公司的盈利状况是外界、公司内部关注的重点，在内外部控制、监督以及市场交易程度等条件下，管理人员的决策必然受到影响，盈余管理的程度随之受到影响。笔者基于宏观经济视角，以经济周期(Business Cycle)为背景，从投资者行为出发，将不同投资者行为纳入会计行为分析之中，研究宏观经济因素对企业盈余管理行为的影响，这对于更好地抑制企业不当的盈余管理行为，具有重要的理论和现实意义。

(一)理论意义

1. 基于经济周期视角解释盈余管理问题

目前，从宏观层面研究盈余管理的成果主要集中在经济周期与盈余管理关联性方面，而针对经济周期对盈余管理的溢出效应解释力度不够。为了深入探讨溢出效应，笔者从经济周期对公司的内外部经营环境影响的角度出发，进一步深入分析经济周期对盈余管理的影响，即将宏观经济影响因素纳入会计行为研究框架中，探究不同经济周期阶段下盈余管理程度的差异。

2. 结合经济周期研究投资者行为对盈余管理的影响路径

现有研究中有关投资者与盈余管理的关系大多是从单个角度出发，如从控股股东或者机构投资者等角度出发，提出相关政策理论框架，而从内部投资者(控股股东)、外部投资者(机构及市场交易行为)角度对盈余管理动机及程度的影响研究尚未涉及。为此，笔者沿着“经济周期—投资者行为—上市公司盈余管理”的研究路线，通过深入研究，逐步揭开经济周期下投资者行为对上市公司盈余管理活动影响的“黑箱”①,完善并发展盈余管理理论和上市公司监管理论,为上市公司过度盈余管理治理实践提供理论指导。

3. 通过机理分析寻找解决盈余管理问题的有效办法

尽管,关于盈余管理治理的研究硕果累累,但大多数研究都是基于微观层面寻求盈余管理的有效治理,很少涉及宏观经济层面。笔者针对不同经济周期阶段,从宏观和微观两个视角深入研究盈余管理的约束机制,并通过分析经济周期的变化与投资者行为、上市公司盈余管理波动之间的关联机理以及在经济周期下不同类型的投资者行为对公司盈余活动影响的差异性,提出以投资者为切入点的盈余管理约束机制,不仅能为公司有效规避系统性投资风险创造条件,而且还能为监管部门事前监管提供政策建议。

4. 通过研究盈余管理对市场波动的影响全面认识盈余管理

目前,盈余管理对资本市场弊大于利是大多的研究结论,然而笔者通过研究盈余管理与市场的不断变化,发现一定程度的盈余管理能起到稳定市场的作用,这有利于投资者、管理者与监管部门正确全面地认识盈余管理。

(二)现实意义

1. 帮助投资者做出正确的投资决策

利益最大化是所有投资者追求的终极目标,但投资者只有在准确预测的财务信息的基础上,才有更大的收益机会。因此,企业传达给外界的真实有效的会计信息是投资者进行决策的重要依据,也是正确决策的基础。笔者通过研究上市公司的盈余管理行为在不同经济周期阶段下表现出来的动机及特征,进一步回答了企业管理层在不同经济周期阶段下会有不同的盈余管理动机以及采取不同的盈余管理手段,这些研究成果不仅可以帮助投资者进一步认知盈余管理,并从盈余管理的角度更理性地分析公司的财务报告,从而做出最佳投资决策,提高资源的优化性与资本市场的有效性。

2. 帮助债权人等利益相关者做出正确的决策

为了有效地保护贷款的安全性与收益性,债权人必须考虑企业未来的财务风险、债务契约的违约风险。如果企业发生财务困境,则很有可能通过盈余管理的手段调节利润,放宽债务合同的限制与约束,降低违约风险,增加债权人对企业的信任。因而,不同经济周期阶段下上市公司盈余管理的产生与影响机理的

---

① 所谓“黑箱”,就是指那些既不能打开,又不能从外部直接观察内部状态的系统,比如人们的大脑只能通过信息的输入输出来确定结构和参数。

研究，有助于债权人对企业发生的债权债务关系进行合理正确的判断，并做出及时、正确的决策。

3. 推动完善公司治理结构

随着研究深入，盈余管理已不再是单纯的会计问题，盈余管理不仅与微观层面的企业密切相关，也与宏观环境的波动不可分割。笔者通过对不同经济周期阶段下的盈余管理行为进行研究，不仅可以找到微观层面企业治理存在的缺陷以及进行盈余管理的动机，还可以进一步从宏观角度探究制约盈余管理的方法。这些研究一方面可以从理论角度科学指导投资者等各方利益相关者参与公司治理，提升公司治理水平，另一方面也为相关法律、法规的制定和实施提供理论依据。

第二节　国内外研究现状

盈余管理一直是学者们研究的热点，成果颇丰，但鲜有从宏观角度来研究盈余管理的，而近几年经济周期作为宏观经济因素也被一些学者纳入盈余管理的研究中。以下将从经济周期与盈余管理、经济周期与投资者行为、投资者行为与盈余管理以及盈余管理与资本市场关联性四个方面对现有的研究文献进行评述。

一、经济周期与盈余管理

(一)宏观经济政策的微观传导效应

货币政策作为一项宏观经济政策对微观企业行为的影响主要是通过微观传导机制作用的。货币政策(Monetary Policy)，是我国中央人民银行最主要的金融手段之一，通过调节货币的供给需求关系来控制经济过热或者促进经济繁荣。

1. 早期货币传导机制研究

关于货币政策传导理论最早可以追溯到凯恩斯。凯恩斯在《通论》一书中提出货币政策经由利率及有效需求影响社会经济活动的货币政策传导机制理论。20 世纪 30 年代以来，货币观点开始发展，路径为：货币对经济的间接影响→货币对经济的直接影响。但货币观点的理论前提在现实中很难实现，因此，各个经济学流派从不同的条件出发，分别形成了各自的货币政策传导机制理论。从 20 世纪 50 年代开始，经济学家提出并逐渐形成货币传导机制的信用观点。20 世纪80年代,Mishkin根据货币与其他资产之间的不同替代性,提出货币政策传导机制的两大类:货币传导渠道和信贷传导渠道。"信用观点"逐渐被后来的学者认同,该观点认为货币政策的效果主要是通过银行信贷可得性的变通产生的。

2. 现代货币传导机制研究

货币政策传导机制是宏观经济政策微观传导的基础,近几年学者对它的研究越来越深入。Bernanke和Blinder(1988)指出,银行信贷是绝大多数企业的选择,也只有银行信贷能够满足某些企业的需求,如中小企业,而信息的不对称性,使银行信贷很难被替代。Bernanke和Blinder(1992)研究发现,银行借贷作为货币政策传导的渠道之一是大多数企业选择的贷款对象,而它的作用在货币政策紧缩的时候也会有所弱化。Kashyap和Stein等(1993)研究发现,尽管银行信贷在紧缩的货币政策时期供应总量会有所减少,但是信贷的需求量并没有因此减少。国内学者提出,货币政策的传导机制,指的是货币政策被确定之后进行实际操作,到最后达到货币政策制定的目的,中间环节之间的各种联系以及因果关系的总和。20世纪90年代,我国开始实行货币政策,在30多年的发展中货币政策传导机制不断发展和完善。学者们通过对我国近10年的货币政策传导问题进行分析研究,发现我国货币政策对实体经济的影响同时通过了货币传导机制和信贷传导机制,但信贷传导机制仍旧是我国货币政策传导的主要机制(周英章、蒋振声,2002;蒋瑛琨、刘艳武和赵振全,2005)。但是,高铁梅(2006)却认为货币供应量是货币渠道传导中最重要的变量。中国资本市场并不成熟,还不具有西方传统经济特征,因此,董志勇(2010)认为中国市场货币信贷传导渠道缺乏有效性。

笔者在货币传导政策的基础上,通过货币政策的利率与汇率渠道、资产结构渠道以及信用供给渠道这三种渠道,分析宏观经济政策对市场的影响、对微观企业发展的影响。

(二)经济周期对盈余波动的影响研究

从近年来的研究可以看出,盈余的稳定性有时会受企业经营环境影响,由于经营环境的变化,盈余的稳定性也会改变。研究表明,盈余稳定性与企业竞争策略、经营风险以及公司治理均存在相关关系(Cheng et al,2008;李琳等,2009)。由于宏观环境的改变直接影响到企业的经营环境,因此,21世纪以来,国内外学者开始关注经济周期对盈余波动的影响,逐步从企业微观层面对盈余波动(Variants of Earnings)的影响上升到宏观市场层面对盈余波动的影响。

1. 国外相关研究

在国外研究方面，20 世纪 60 年代末，Brown 和 Ball 最早开始研究宏观经济因素与企业利润的关系。Klein 等(2006)指出宏观经济周期可能对企业业绩产生影响，且经济周期与企业的资产回报率存在正相关关系。经济波动会影响公司的盈余，甚至同步影响经济波动。例如在 2008 年的经济危机爆发时，能源、交通、电子、钢铁等与宏观经济紧密相连的基础行业的业绩普遍出现亏损，企业盈余受到巨大的波动。Dichev 等(2009)指出盈余波动主要受两个因素影响，即经济周期的变化和公司会计收入的确认差异。经济处于上行期，公司的盈余一般会高速增长，而业绩的高速增长会造成企业盈余发生波动。

2. 国内相关研究

在国内研究方面，牛建波(2009)利用我国上市公司的数据验证了董事会规模与公司业绩存在关系，认为董事会规模对公司业绩波动性的影响是消极的。李琳等(2009)研究发现，尽管公司治理水平会受众多因素影响，但受盈余管理的影响更显著，而股权制衡会对上市公司的会计盈余产生影响，主要是通过降低公司的总资产收益率和企业价值整体的离散程度等方式来实现。不同经济周期阶段下，宏观经济对于企业市场价值评估影响是不同的。经济上行期，市场发展势态良好，对企业市场价值高估；而经济下行期，悲观的投资情绪会造成企业市场价值的低估。许慧(2010)结合行业因素和企业成长性，检验并证实了经济周期与盈余波动的关系。此外，潘妙丽和蒋义宏(2011)以 GDP(国民生产总值)、会计盈余分别作为衡量宏观经济增长和公司业绩波动的指标，研究了公司业绩波与经济周期、股市周期的背离或一致的现象。

在宏观经济背景下，企业经营活动必会受其波动的影响，企业业绩受到影响，会计盈余就可能产生波动。但现有文献中，极少涉及到盈余波动的成因，实证类的文章更是寥寥无几。

(三)经济周期与盈余管理的关联性研究

盈余管理一直是学术界研究热点。目前，盈余管理的研究主要集中在盈余管理动机(魏涛、陆正飞和单宏伟，2007；Cohen、Zarowin，2010；卢太平、张东旭，2014)、盈余管理方式(蔡春、李明和和辉，2013；王福胜、吉姗姗和程富，2014)、盈余管理治理(于忠泊等，2011)及盈余管理经济后果(Coles，2006；徐浩萍、陈超，2009)等，但这些研究均从微观层面出发，关于宏观经济环境对企业盈余管理的影响研究较少。近年来，学者开始关注宏观环境对公司业绩、盈余管理等方面的影响(Lin、Shih，2003；Liu、Ryan，2006)，但这些研究均未涉及经济周期与盈余管理，这就缺乏在不同经济周期阶段下，对盈余管理的动机、行为等关键因素的研究。从 2005 年开始，国内外学者开始从经济周期角度研究上市公司的盈余管理行为。

1. 国外相关研究

Jin 和 Chen(2005)从经济周期角度研究宏观环境对公司盈余管理的影响，发现公司盈余管理在不同经济周期阶段下的程度不同。Klein 等(2006)以美国的数据为研究基础，发现宏观的经济周期与盈利指标之一的资产回报率(ROE)显著正相关。Lin(2006)在此基础上进一步研究，证实企业的盈余管理与经济周期的相关性，且经济周期与盈余管理之间是非线性 U 型关系，不同行业的企业在不同的经济周期阶段下的盈余管理动机也会显著不同。Lin 和 Michael(2007)则发现盈余管理与实际 GDP 之间的关系，无论经济上行还是下行，大多数企业(非金融业)会选择调低盈余，即经济在极端的情况下，大多数企业的可操作性应计利润为负，此外，他们验证了盈余管理与实际 GDP 之间也是非线性 U 型关系。

2. 国内相关研究

国内相关研究成果较少，但宏观经济与盈余管理的关系、经济周期与盈余管理的相关性均得到相关学者的验证。李青元和王红建(2013)研究发现，经济周期与公司盈余管理存在相关关系，且不同经济周期阶段下，公司进行盈余管理的方向有所不同，在经济上行期公司更倾向向上的盈余管理，在经济下行期公司更倾向向下的盈余管理。陈武朝(2013)则从宏观经济角度出发，研究了行业的周期性在不同经济周期阶段下与上市公司盈余管理的关系，发现周期性行业公司盈余管理程度一般高于非周期性行业，且在经济下行期的盈余管理程度相对较高。此外，该学者又结合行业景气度，检验了不同经济周期阶段下行业景气度对盈余管理的影响。研究发现，盈余管理程度在经济下行期大于上行期，行业不景气时盈余管理程度比较大。通过更进一步的研究发现，当行业经济不景气时不论处于下行期还是上行期，盈余管理程度都比较高；当企业处在经济下行期，不论行业的景气度高低，盈余管理程度都比较高。还有部分学者讨论了宏观经济因素对企业盈余管理的影响，认为宏观经济发展形势上涨时，上市公司的盈余管理程度并不是变大，也不是变小，而是随着经济的上涨，盈余管理程度先下降后上升。胡华夏、洪荭和廖俊洁(2014)研究也证实在不同经济周期阶段下，管理者盈余管理程度会发生明显的变化，同时还发现管理者过度自信在不同经济周期阶段对盈余管理波动产生的影响也存在差异。

二、经济周期与投资者行为

当下国内外关于经济周期波动与投资者行为波动之间关系的直接研究较少，已有的研究主要集中在经济周期波动与投资者心理偏差、投资者心理偏差与投资者行为等两个方面。

（一）经济周期波动与投资者心理偏差

外部环境的变化会引起投资者产生一定的认知偏差，宏观经济波动在一定程度上影响了投资者心理偏差(Irrationality of Investors)。基于上述理论，国内外学者从静态和动态两个视角对投资者心理偏差及行为偏差进行了研究。

1. 静态投资者偏差

20 世纪 70 年代，Tversky 指出个人决策会受到主观想法的影响，从而产生可得性偏差。在此基础上，Kahneman 于 1974 首次提出著名的“锚定效应”[①]理论，而且他们认为个体的分析判断能力受个人能力限制，这种认识与进化心理学的观点相吻合，即自然选择的结果逐步将人们进化成一种依赖有限理性的决策方式来替代理性决策过程的思维主体，并据此来节约思维成本(Simon，1955)。Eorge 和 Hwang(2004)研究发现，在面对多变的市场和新信息时，投资者往往会根据自己对股价的经验判断，如果股价前期较高，市场的变化对股价的影响不会立马体现。在实际情况中，赵学军等(2001)认为，中国股市中，宏观经济环境变化不会对投资者“出赢保亏”的情绪产生影响，即宏观经济环境形势无法影响投资者赚取收益的情绪。Oechssler 等(2009)则指出，认知能力的高低与行为偏差显著相关，且认知能力高的人同样也会产生行为偏差，如股票分析师(Mokoteli et al，2009)。因此，静态视角的研究结果表明，投资者的情绪和行为不会受到经济周期波动的影响。

2. 动态投资者偏差

有别于单方面、静止地研究投资者心理偏差及行为偏差，20 世纪 80 年代末，一些学者已经逐渐从动态变化视角分析投资者的心理偏差、行为偏差。如投资者的损失厌恶会导致投资者做出非理性判断，从而出现“售盈持亏”(Shefrin、Statman，1985)。Hirshleifer 等(1994)提出“羊群行为”[②]，Daniel 等(1998)提出

---

① 本节阐述的“锚定效应”主要参考 Kahneman(1974)。

② 本节阐述的“羊群行为”主要参考 Hirshleifer 等(1994)。

“过度反应”,Gervais 等(2001)提出“过度交易”行为,这些学者均认为股价对市场变化的反应很迅速,投资者也会对市场做出迅速的反应。Scheinkman 等在 2003 年提出,“过度交易”行为和“羊群行为”也会带来“投机泡沫”[①]等负面的市场效应。Jaimovich 等(2007)也认为,“过度交易”行为和“羊群行为”甚至能通过增加期望冲击引发更大的经济周期波动。许年行和吴世农(2007)指出,投资者应增强自身的谈判能力,校正锚定与调整行为偏差对股改对价方案的影响。且 Cederburg(2008)、Nofsinger(2010)均发现,不同经济周期阶段下,投资者行为不同。Nofsinger(2010)指出,近几年的金融危机爆发后,投资者在经济上行期与下行期时会产生不同的心理偏差,进而影响经济形势。在不同时期同样一个人做出的投资决策会有所不同,这是由于投资者的偏好和信念会随着时间而改变。此外,研究发现投资者的自信度会影响预期回报率,即投资者总认为自身的投资行为能事先预测资本市场波动趋势,并做出更有力的决策。

(二)投资者心理偏差与投资者行为

投资者心理偏差行为是金融学研究的基础领域之一,投资者心理偏差受到投资者情绪的影响。随着外部市场信息的不确定性增强,投资者心理偏差也随之增强。投资者行为偏差则是投资者情绪和市场环境的共同影响的结果。近年来,国外的一些行为金融学家主要是通过不同的投资行为和不同的投资心理建立一些行为模型,用以解释金融市场上的一些异常现象(Barberis、Thaler,2002)。国内的一些学者(赵学军、王永宏,2001;周琳杰,2002;朱战宇等,2003)先后对我国股票市场一些异常现象进行了实证研究。但目前国内外学者对投资心理与投资交易行为之间的关系进行研究的还很少,可借鉴参考的文献不多。2001 年,Hirshleifer 提出,投资者心理偏差随着信息不确定性的增加而增强,而投资者行为也会受到影响。张荣武、沈庆元和聂慧丽(2011)将投资者心理偏差置于经济周期这一宏观背景下,提出“经济周期－心理偏差－行为偏差－资产定价”的研究新思路,以此揭示了投资心理偏差导致非理性投资行为产生。阎波(2013)也从行为金融学角度,提到投资者的心理因素在投资过程中的重要作用,投资者的非理性心理偏差会使投资者产生一些对市场趋势的不正确判断,从而影响到投资者的收益状况。

① 本节阐述的“投机泡沫”主要参考 Scheinkman 等(2003)。

三、投资者行为与盈余管理

(一)控股股东行为与盈余管理研究

治理结构对盈余管理的影响是近年来资本市场比较热门的话题,20世纪以来,控股股东行为与盈余管理之间的关系开始引起国内外学者的关注。

1. 国外相关研究

Chaney和Lewis(1995)认为,实际控制公司的股东能够利用权力优势,通过调整应计利润来进行盈余管理,从而避免股票价格的下降和融资成本的上升。而Shleifer和Vishny(1997)发现,高度集中的股权结构下,控股股东与其他股东之间的利益冲突更大。财务报告质量和股权集中程度呈负相关关系,这就为大股东控制或掠夺小股东的财富创造了机会,而这个“机会”为失真的会计信息(LaPorta et al,1998)。公司采取企业内部母子公司,子公司与子公司的关联交易或利用相关准则假设缺陷和法律规定等多种途径进行会计盈余操纵(LaPorta et al,2000;Claessens et al,2000)。此外,众多学者基于控股股东与外部投资者之间信息不对称的情况,指出大股东出于追求自身利益动机,能够利用控制权来操纵报告盈余,以此来隐瞒和误导外部投资者(Fan、Wong,2005)。而Leuz等(2003)也指出盈余管理很大程度上受控股股东牟取私利动机的影响。Friedman等(2003)发现,特定情况下“支持效应”现象在控股股东中也会发生,经过考察,亚洲市场中对投资者的保护较弱。因此,大股东对于发展状况不太好的公司往往具有支持的倾向,即公司的控股股东会将自己的资源输送至公司,让自己与其他股东的利益得到保护。

2. 国内相关研究

我国股权分置改革完成后,控股股东与中小股东的利益逐渐趋于一致。在这种制度背景下,控股股东对上市公司的掏空行为受到抑制,为了获取更多的投资收益,他们支持上市公司的行为成为盈余管理动机之一。从国内已有研究来看,李增泉等(2004)认为,上市公司的所有权结构状况影响公司股东的行为,特别是大股东的利益输出行为;谭劲松和郑国坚(2004)提出,公司的大股东利用现有制度的缺陷,在不触犯法律的前提下权衡使用利益输送手段。后来,李增泉等(2004)、陈晓和王琨(2005)通过实证分析了控股股东侵占行为与公司所有权结构存在相关关系,并指出控股股东利用自身对公司的控制地位,通过会计信息操纵及关联交易等手段,降低信息透明度,将公司经济资源输出并掏空,侵蚀中小投资者的利益。当然,控股股东的持股比率也会影响盈余管理程度(王化成、佟岩,2006),章卫东(2010)通过研究上市公司定向增发新股进行盈余管理,验证了盈余管理与控股股东持股比例的关系,并说明上市公司利用增发新股操纵股价,满足控股股东利益输送动机。另外,叶建芳等(2009)指出操纵会计政策是控股股东谋取私人收益而频繁采用的重要手段。

从国内外的已有研究成果可看出,盈余管理是控股股东掩盖自利行为而避免不良后果的重要手段。目前我国资本市场发展的历史短,有效程度低,市场不能很好地识别上市公司盈余信息质量,资本市场在盈余定价方面的低效率使得管理者或控股股东的盈余管理行为不容易被市场识别,控股股东有利用控制权进行盈余管理、实施利益侵占的动机。

(二)机构投资者行为与盈余管理研究

1. 机构投资者、公司治理与盈余管理

关于机构投资者对盈余管理的影响,国外学者的研究结论经历了从“消极主义”到“积极主义”的转变。最初的学者们表示,在改善公司盈余管理的问题上,机构投资者是不具相应能力的。到了 20 世纪 90 年代中后期,机构投资者经过长期的发展已日趋成熟,在资本市场上的地位也随之提高,机构投资者的股东积极主义理论开始兴起。Smith(1996)、Carleton(1998)等提供了经验数据的支持。“积极主义”成为现今的主流观点:机构投资者有动机也有能力对管理者进行监督(于忠泊,2011),参与并完善公司的治理,提升治理效率(Shleifer、Vishny,1997),从而在一定程度上抑制控股股东或者管理层的盈余管理行为。

2. 机构投资者对盈余管理的影响因素

机构投资者对盈余管理的影响因素主要包括机构投资者的持股比例、监督成本与效益及公司本身的完善程度。Rajpopal 和 Venkatachalam(1997)发现机构投资者持股量与主观应计利润的绝对值负相关。Chung 等(2002)认为,公司的管理层会受到不同投资者,包括机构投资者、控股股东等,出于维护自身利益而进行的监督,而盈余管理更是机构投资者监督的重点,且若公司发生盈余管理的情况越少,表明该公司的机构投资者持股比例越高。这些研究结果一致证明了机构投资者的监督作用。Hartzell 和 Starks(2003)认为机构投资者获取公司内部信息以及监督公司内部控制人行为,是需要监督成本的,机构投资者是否发挥治理效应,取决于权衡收益及成本后的结果。Noe(2002)通过对机构投资者的监督成本进行研究,发现监督成本不仅包括信息搜寻成本,还包括其他潜在流动性成本。若监督成本过高,信息不对称,机构投资者就很难积极地参与到公司的治理中,并且发挥有效作用。该假说也得到了一些学者的支持。国内学者针

对机构投资者参与公司治理进行了研究。王永海等(2007)通过研究发现,机构投资者参与公司治理的程度和他们所参与的公司的治理结构完善程度呈现正相关关系。机构投资者对控股股东的掏空行为起到一定的抑制作用,这一结论在高雷等(2006)与王琨、肖星(2005)的研究中得以验证。上述文献从不同方面论证了机构投资者对公司运营和治理产生的促进作用,通过持股对公司内部进行监督,对公司治理持有积极的态度,进而对盈余管理具有抑制作用。

(三)投资者交易行为与盈余管理研究

投资者交易行为是指个股交易量的综合行为特征,包括所有投资者在股票市场交易的行为。关于投资者交易行为的研究,主流观点是个人投资者趋向于反转交易。

国外研究中,Choe 等(1999)通过对韩国股市研究发现海外投资者广泛运用正反馈交易策略,但交易会呈现短期反转交易模式。而针对芬兰、澳大利亚等不同的国家,Keloharju 和 Grinblatt(2001)、Jackson(2003)等学者也得出了相同的结论,且不同区域和时间,存在不同的结果。台湾股票市场(Barber,2008;Andrade et al,2005)研究显示,个人投资者在短期内遭受的是小额的损失。这与在澳大利亚市场(Jackson,2003)和美国市场(Kaniel,2008)上进行研究得到的结论正好相反。

国内研究对此尚未达成共识。施东晖和陈启欢(2002)指出以个人投资者为主,投资者们通常采用趋势策略进行交易决策,并且倾向于采用动力策略及反转策略分别进行买入和卖出。从短期来看,个人投资者总体更倾向反转策略。个人投资者交易收益表现较差(吴先聪、刘星,2011;王春峰等,2009),个人投资者有较好的交易收益(Kaniel et al,2008),对此,交易和未来股票收益之间关系的结论还未统一。

投资者交易和股价波动的关系并无定论。方军雄(2002)认为动量交易行为会对证券市场的波动推波助澜,加大波动,而反转交易行为有助于平抑股价的过度上涨和下跌。但是李广涛(2012)认为无论是动量交易还是反转交易,都会引发股价的剧烈波动,同时发现动量交易所引发的股价波动的幅度要小于反转交易,但会计盈余的变化方向与股价变化方向具有相关关系。

若上市公司的盈余正向变化,股票价格会出现上升的趋势,说明上市公司的市场价值与盈余管理存在相关关系(Brown、Ball,1986)。由此可见,鉴于国别数据类型、选择散户类型、样本时间区间和研究的时间频率的不同,学者们都会得出不同结论。

四、盈余管理与资本市场关联性

(一)上市公司盈余与证券市场动态关联

目前国内外理论界对于上市盈余管理和证券市场动态关联的直接研究比较少,可以直接借鉴参考的文献并不多。我国证券市场并不完善,处于半强式有效性,投资者可以根据现有的公开信息做出决策(沈艺峰,1996)。目前,关于盈余管理和市场波动关系的研究还没有定论。

刘巍巍(2013)认为,资本市场剧烈波动时,上市公司会利用盈余管理手段进行"利润平稳化",传递企业原来不易传递的内部信息,从而有助于减少因资本市场波动对投资者投资决策行为的影响。除此以外,企业为防范经济周期、市场波动等正常因素带来的被 ST[①] 的风险而进行盈余管理,长期来看企业仍处于良好的发展趋势中,因此,这种盈余管理行为并没有歪曲市场信息,是一种有效的自利行为。但是,有部分学者持反对观点。有学者从信息公开和市场运行效率角度进行了证实,认为信息公开的"末班车现象"极大地降低了我国证券市场的运行效率,资源配置的优化等无法完全在中国市场中有效体现(陈志国、周稳海,2005)。我国证券市场对会计盈余的反应可能存在一定的滞后(陈信元、陈冬华和朱红军,2002)。由此可知,上市公司盈余信息公开对市场投资决策有影响,股价的波动会滞后,这也说明上市公司盈余与证券市场存在滞后的动态关系。

(二)市场对盈余管理的识别

有关资本市场中盈余管理识别问题的研究可追溯到 20 世纪 80 年代末,Schipper 是最早从投资者角度提出市场能识别盈余管理的学者之一。他认为盈余管理与股票价格关系紧密,投资者能够通过股票价格的高低识别出上市公司进行的是正向盈余管理还是负向盈余管理。国内外众多学者从不同角度对资本市场进行分析,但是观点并不统一。一方面,Defond 和 Park(1997)证实了资本市场对盈余管理的识别,除了股票价格的显示作用外,市场上原材料价格、银行贷款减值准备、异常应计利润等都在一定程度上显示上市公司进行了盈余管理行为(Wahlen,1994;Beaver、Engel,1996);另一方面,也有学者认为市场无法识别上市公司的盈余管理。由于股价波动的复杂性,并不能完全显示盈余的操作

① ST 是英文 Special Treatment 缩写,意即"特别处理"。

性，甚至通过盈余管理手段减少盈余时，股价会上升这类现象普遍发生，这就说明证券市场无法通过股票价格去识别公司的盈余管理(Sloan,et al,1996)。

虽然，企业如今越来越偏向盈余管理，盈余管理现象也越来越普遍，但国内学者对于资本市场对盈余管理的识别的系统归纳研究一直到近 10 年才开始出现。很多主流学者认为，盈余管理手段趋于复杂化、多元化和隐蔽化，很难识别上市公司的盈余管理行为，且企业的盈余管理行为已经严重影响投资者对企业未来盈利能力的判断，进而对投资者的决策产生误导，这充分说明投资者并没有识别盈余管理的能力(张祥建、徐晋，2006)。

识别难度的增加主要源自于企业盈余管理的手段从应计利润转向了真实盈余管理。杨秀艳和郑少锋(2007)从可操纵性应计利润出发，发现我国上市公司普遍能获得超额回报，再一次证明了我国市场投资者无法识别出上市公司是否进行盈余管理，他们将此归因于我国股票市场的过度投机性。企业偏向于真实盈余管理，因为它更加隐蔽，手段更多，这更加大了投资者识别盈余管理的难度(顾鸣润、田存志，2012)。

由此可见，学者在最初的研究中肯定了盈余管理识别的可能性，但是随着市场的发展，市场中盈余管理普遍，企业采取的盈余管理手段趋于复杂化、多元化和隐蔽化，如何从市场找到合适的切入点来衡量、识别微观上市公司的盈余管理行为的难度加大，这也是后面章节进一步论述的内容。

(三)股价波动与盈余管理的动态关联

目前国内文献大多是对盈余管理的动机以及会计盈利与股价相关性的研究，而这种盈余管理如何与盈余管理动态关联，鲜有文献关注。股票价值评估理论框架是以未来股利现金流量的折现模型为基础，因此，股利分配与净利润和盈余信息有关，股价与盈余信息密切相关，且对盈余信息高度敏感。经验证据表明，股价的波动同盈余管理密切相关，上市公司会通过盈余管理达到误导投资者的目的。由于会计盈利与股价间存在正相关关系，较高的报告盈余能够带来相对较高的股票价格，所以利益相关者也会利用盈余管理手段影响股价而获得利益(刘旻等，2005)。在非年报期间，上市公司盈余管理的成本更低，盈余操弄的空间更大，盈余管理的可操作程度也就越高，而且受到外界的监督力度较小，很容易将公司股价调整至大股东期望值。所以，在非年报期间，有减持倾向的大股东具有更强的动机和能力进行盈余管理以达到减持的目的。当投资者对企业价值的评估过分依赖报告盈余时，大股东就可能通过增加应计利润实施盈余管理，从而更加有效地提升股票发行价格(Kellogg,1991)。Chaney 和 Lewis(1995)通过建模来分析管理层操纵盈余的根本原因，研究发现当企业管理层和潜在投资者之间存在信息不对称时,盈余管理会影响投资者对企业股票价值做出正确判断,股价极易被高估,从而降低融资成本,进而影响企业的投资行为。McNichols 和 Stubben(2008)以财务重述企业为研究对象,发现以外部投资者为目标的盈余管理会影响企业内部人的投资决策。

还有学者从股价影响盈余管理的角度分析,在股价较高时,尤其是在资本市场上存在着比较强的非理性投机因素时,股价向下的可能性较高。此时,由于行权价格过高,股票期权所带来的激励强度将明显下降,甚至有的董事及高管在行权后不久就被高位套牢,而且这种压力下也容易诱发高管人员的盈余管理、报表粉饰和股价操纵等行为(辛宇、吕长江,2012)。

五、研究评述

上述研究分别从经济周期与盈余管理、经济周期与投资者行为、投资者行为与盈余管理以及盈余管理与资本市场关联性四个角度展开。笔者通过查阅相关文献和资料,发现目前的研究存在以下局限:

(1)从经济周期与盈余管理的研究来看,学者的观点比较统一,但研究较少,主要集中在实证检验二者的关联性,缺乏从不同维度深入分析经济周期波动对盈余管理的影响。

(2)从经济周期波动与投资者的研究来看,相关文献较为有限,大多是从心理学、金融行为角度对投资者与经济周期波动的关联性展开研究,现有文献较少分析二者的传导机制。

(3)从投资者行为与盈余管理的研究来看,已有文献研究了不同类型投资者与盈余管理的关联性,但并未扩展视野层面,忽视了从宏观角度研究二者的关系,以及在不同经济周期阶段二者关系的区别。

(4)从盈余管理与资本市场关联性的研究来看,鲜有学者涉及,关于盈余管理的宏观波动规律缺乏全面系统的研究,无法全面揭示二者之间的相关关系。

笔者将以盈余管理为核心,以宏观经济变化传导到微观主体,进而微观主体又影响宏观资本市场为主线,就不同经济周期阶段下上市公司盈余管理的产生与影响进行深入研究,以期为盈余管理理论研究做出一定的贡献。

因此,在充分吸收、借鉴相关文献研究的基础上,本书将研究理论进行系统整合,总结不同投资者行为特征,在全面把握主体行为特征的基础上,从经济周期宏观层面出发,基于各投资者行为解释它对盈余管理的作用机理,深化对“经济周期—投资者行为—盈余管理”传导路径的认识,并以上市公司内外部投资者为切入点,解决上市公司盈余管理中存在的问题,为进一步完善我国资本市场监管、提高资源配置效率、维护资本市场稳定运行提供有效的探索路径。

第三节 研究方法、内容及创新点

一、研究方法

笔者在理论分析的基础上结合实证研究，从宏观→微观角度，对不同经济周期阶段下投资者行为与上市公司盈余管理的关系进行深入研究，通过建立回归模型，检验经济周期波动对投资者行为的作用机理、经济周期下投资者行为与盈余管理的关联机理以及基于投资者行为的盈余管理约束机制进行实证检验。

（一）文献研究法

全面梳理和总结不同投资者行为与盈余管理关联的相关文献资料，包括相关理论基础以及国内外的研究成果、研究动态等。通过系统地归纳和总结，提炼现有相关研究中的主要观点，分析提出的背景及存在的问题和不足，在评价整理后为本书的研究提供理论支撑和基本论点。

（二）定性分析和定量研究相结合

笔者在探究经济周期下投资者行为特征时，首先应用定性研究分析方法，总结出不同类型投资者行为特征的特性与共性；同时运用定量研究的方法分析我国各类投资者持股情况，为进一步实证研究投资者行为与盈余管理的相互影响奠定基础。

（三）规范分析和实证研究方法相结合

笔者采用规范研究的方法界定投资者类型和盈余管理的内涵，分析盈余管理产生的根源及投资者行为对它产生的影响，探索二者之间的关联机理。通过构建多元回归模型检验经济周期下投资者行为与盈余管理的关联机理，确定二者的一般分析框架。

本书的研究思路及结构如图 1－1 所示。

二、研究内容

笔者结合不同经济周期阶段，以管理学、行为金融学、计量经济学等相关学科为理论支撑，沿着“经济周期→投资者行为→盈余管理→资本市场反应”的研究思路，分析了经济周期对盈余管理的溢出效应以及经济周期对投资者行为产

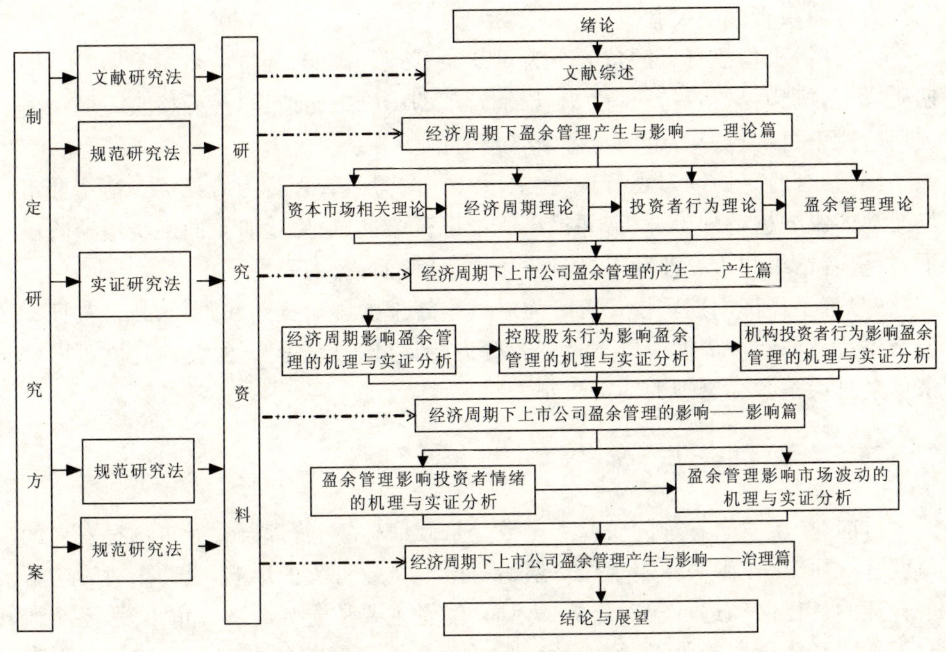

图 1－1 研究思路与结构框架图

生的影响，进一步探究在经济周期下投资者行为对盈余管理的影响机理，建立了基于投资者的盈余管理的内部和外部的约束机制。

本书的研究内容分为以下几个部分：

(1)阐述了研究背景、目的及意义，并从经济周期与盈余管理、经济周期与投资者行为、投资者行为与盈余管理以及盈余管理与资本市场关联性四个方面出发，对国内外相关文献进行整理和归纳，分析存在的问题和不足并加以总结。

(2)详细阐述了经济周期、行为金融学和投资者行为、信息不对称及委托代理、盈余管理等理论，对不同投资者进行分类，并对不同投资者行为的特征进行说明。

(3)分析经济周期下投资者行为影响盈余管理的机理：首先以 2003—2013 年中国深市 A 股 441 家上市公司财务数据为样本，分析并检验了经济周期对盈余管理的溢出效应；其次分析了不同类型的投资者行为对盈余管理的影响；最后分析了不同经济周期阶段下，不同类型的投资者行为对盈余管理的作用机理。

(4)分析控股股东利益输送行为对盈余管理的影响，在此基础上引入不同阶段经济周期的影响变量，并就经济周期影响控股股东行为以及经济周期下控股股东行为对盈余管理的影响进行理论分析和假设，最后检验经济周期下控股股东行为与盈余管理的关系。

(5)分析机构投资者的持股行为对盈余管理的影响，并进一步对不同经济周期阶段下，机构投资者持股行为对盈余管理的影响提出假设，最后检验不同经济周期阶段下机构投资者行为与盈余管理之间的关系。

(6)结合经济周期宏观背景，就上市公司的盈余管理行为对投资者情绪及市场波动的影响进行理论分析，并提出假设进行验证，最后检验不同经济周期阶段下，投资者情绪和市场波动对上市公司盈余管理行为的影响。

(7)基于经济周期下投资者行为对盈余管理的影响机理和路径，结合实证检验结果及不同经济周期阶段下投资者行为特征，以投资者为切入点，建立不同经济周期阶段下盈余管理的约束机制。

三、主要创新点

目前，关于盈余管理的研究大多数是从政府监管、管理层或者市场投资者的角度进行研究，较少关注宏观经济层面对微观企业行为的影响，也并未对影响盈余管理的具体路径进行深入分析。因而，笔者主要从宏观经济视角出发，系统研究了不同经济周期阶段下，投资者行为对盈余管理影响的机理，通过“经济周期→投资者行为→盈余管理”的演化路径，建立了不同经济周期阶段下盈余管理的约束机制。通过理论分析和实证分析相结合，笔者主要从以下几个方面进行了创新性探索：

(1)通过经济周期对盈余管理的溢出效应的分析及检验，明确经济周期对盈余管理的作用机理。首先，分析了经济周期对公司经营环境的影响；其次，进一步分析它对公司基本面的影响及其最终使得公司盈余管理程度发生变化情况；最后，在理论分析的基础上实证检验经济周期对盈余管理的溢出效应。

(2)不同投资者行为对企业财务盈余信息的影响存在差异，因此，构建经济周期下不同投资者行为影响盈余管理的模型，明确不同经济周期阶段两大类投资者行为对盈余管理的影响路径，即在经济周期作用下控股股东利益输送行为、机构投资者持股行为分别对盈余管理的影响路径。

(3)笔者以投资者行为研究为纽带，就投资者行为对上市公司盈余管理的影响展开研究，有效地连接了宏观经济周期和上市公司微观行为，从一个新的视角解释了盈余管理的产生，探寻了公司治理及市场监管存在缺陷的根本性原因，进而提出了盈余管理约束机制。

(4)在研究经济周期、控股股东行为与机构投资者行为对盈余管理产生影响的同时，进一步研究了投资者情绪与市场波动对上市公司盈余管理行为的影响，分别从宏观→微观的角度，对盈余管理进行了全面深入的分析与实证研究，进一步丰富了盈余管理的研究框架。

要说明的是由于篇幅限制，笔者研究的重点是从投资者的角度对上市公司盈余管理进行分析，研究中可能存在细节上的不够精细、宏观经济周期和微观盈余管理的分析不够全面等问题，特别是由于宏观经济周期的度量与投资者行为的量化存在一定的困难，因此，笔者的研究可能存在实证检验局限的问题。另外，由于个人研究能力有限，本书深度亦可能有所不足。

第二章　研究的理论基础

第一节　资本市场稳定性及其传播系统

一、资本市场稳定性

(一)资本市场稳定性的内涵

随着国际资本市场的发展,资本市场的稳定性一直是学者们关注的热点,但当前学者们对资本市场的稳定性关注度较少,研究的成果也并不是很多。因此,学者对资本市场稳定性并没有权威性的定义。

一部分学者认为,股票价格的不稳定性正是资本市场是否稳定的一种表现方式。对于资本市场而言,影响供应与需求关系的因素不断发生变化,价格也必然随着交易的发生不断发生变化。换言之,这种价格变化是正常的,是健康的市场经济发展必经的过程,并没有颠覆市场经济运行的基础。因此,资本市场体现的是这种非异常的价格震荡,即资本市场是属于稳定状态的。

另一部分学者认为,资本市场并不是稳定的。尽管股票价格的波动是资本市场发展的基础,但不可排除价格异常上下震荡的现象。外界的交易环境、市场参与者的投资期望、国家的政策等因素都会影响正常的供求关系。在股票价格震动过于频繁或极端的情况下,股价波动毋庸置疑会增加整个市场的投机氛围,使得股票价格失去“晴雨表”的功能,从而影响了整个资本市场的秩序,使得资源配置效率低下,甚至将影响整个市场运行的稳定性。

(二)资本市场稳定的前提

由上述资本市场稳定性的内涵可以看出,大多学者都简单地将股票市场等同于资本市场,将价格的上下震荡作为资本市场是否稳定的判断标准,而忽略了资本市场本身的调节、运转等市场自我调节功能。资本市场并不是股票市场的替换词，它反映的不仅是股票价格波动的状态，还是整个市场所处的状态。在这个状态下，资本市场充分发挥自身调节作用，维护内外部的稳定发展，并实现经济的稳步增长。

在借鉴金融稳定性定义的基础上，国际货币基金组织对资本市场稳定性给出了更为严谨的观点：对资本市场而言，如果它具备调节内外波动，缓解外部冲击、消化内部一定范围内的失衡，促进市场经济的作用，那么此时的资本市场可以称之为达到相对稳定的状态。简言之，维持资本市场稳定的前提有三个：一是发挥资本市场自身功效，平衡市场内外部波动；二是对资本市场中的风险实施预估、分散等措施；三是稳步提升经济效率，提高资源配置的效率，实现宏观经济的稳定增长。

二、信息的外溢性

（一）外溢性的定义

20 世纪 20 年代，著名经济学家皮古首次提出了“外溢性”（Spillover Effects）这一概念，具体指某一经济主体对它所在宏观经济环境的影响。从经济学角度进行理解，就是经济活动的参与者对所处经济环境造成的影响，这个结果可能是好的，也可能是坏的。外部经济，即可以为社会创造价值财富或者能够减少社会支出成本的行为；外部不经济，指不能够为社会创造价值财富或者减少社会支出成本的行为。外部经济和外部不经济是外溢性的两种结果，这是公共产品都有的特征，是在调节社会经济状况时政府不得不考虑的一个重要因素。

（二）信息外溢性的应用

外商直接投资（FDI）的信息外溢性跟技术外溢性相似。通常来说，中小投资者很容易受到市场的信息质量的影响。投资者收益公式为：

$$R=P_t*a*x-x-C(P_t,w)$$ [①]

式中：R 表示投资者收益；P_t 表示投资者中奖的概率，具体指投资者获得正投资收益的可能性；a 表示中奖倍数；x 表示投入金额；C 表示信息成本；w 表示投资者的财富。

李国秋和李琦（2012）通过调查问卷的方式，发现大部分的中小投资者不会

① 本节“投资者收益公式”主要参考阎波（2012）。

花费很长时间真正关注市场信息，只有小部分的中小投资者才会花费较长的时间去关注股票市场，并且他们的交易税、费用占比都较低。前期投资决策能够取得较好收益的概率(P)和中小投资者拥有的财富(w)是他们愿意支付的信息成本。可以看出，中小投资者通常不愿意花费太多代价去收集有用性较高的信息，反而在投资决策时，更倾向于依赖市场的公开信息；只有很少部分的中小投资者愿意支付信息成本，这也与他们拥有的财富有关。对于有投资意向的上市公司，他们会将实地调研与请教专业人士花费的资金作为前期投资以获取"独家信息"。因此，中小投资者在这个过程中会支付交易成本(包括交易税费)、信息成本、投资者参与的培训费以及时间机会成本等。

三、传播模式

20世纪70年代，美国著名经济学家尤金·法玛提出的资本市场信息有效性假设被认为是创意之举，此后资本市场稳定性受信息非对称等因素的影响逐渐成为经济学界的热点。学者们从各个方面研究了资本市场上信息传播的过程与特征、信号传递、会计准则的制定、投资需求以及价格内生的波动性等。

(一)传统传播模式

借鉴经济学中传统传播模式的研究方法，资本市场信息传播与扩散的研究涌现了大量经典研究成果，比如，拉斯韦尔的"5W"传播模式[即谁(Who)、说了什么(Say What)、通过什么渠道(In Which Channel)、对谁说(To Whom)]、德弗勒的互动过程模式、香农－韦弗的信息论模式、波纹中心模式和韦斯特利－麦克莱恩式等都是西方信息传播的经典模式。虽然学者们提出了多种不同的传播模式，但其内在思想是一致的，这也为研究资本市场信息的传播提供了很好的理论基础。

(二)资本市场的传播模式

在此基础上，资本市场信息传播的研究也取得不少成果。邓忆瑞(2008)在借鉴信息经济学的理论上，研究了信息在扩散中遇到的动力以及阻力。熊艳和李常青(2011)通过案例研究，得到关于坏消息是如何在资本市场上进行传播的过程，传播后给资本市场带来的后果以及惩戒。许年行等(2011)从信息经济学与心理学互动的角度，对资本市场传达的信息与投资者的心理状态进行研究，将股票市场分为"牛市"和"熊市"，同时，也将投资者心理分为"狂热型"和"恐慌型"，并进一步根据不同股票市场的形态，将信息的传递模式分为"群聚式"和"分散式”。

借鉴信息传播理论的研究，信息传播主要通过信源、信宿和信道等渠道进行传播。在资本市场中，反映公司信息的股价就是作为一种信道将信息传达给市场参与者，而信息的传播与扩散是需要信息替代的，即将微观层面的会计信息转换为大众普遍认可的信息传达出去（李兆军，2007）。

四、传播过程和传播效率

（一）信息的传播过程

目前，国内对会计信息传递已经有一定的研究，并将信源、信宿、传播的事项、信道以及反馈作为传播过程的五个因素构成完整的体系，在此基础上探究如何将会计信息传播系统的效率提高（朱波强，2004）。五个因素彼此依赖，缺一不可，分为：①传播者，通常是会计信息最开始的发布者，即信息的缔造者，与信源同义；②受传者，通常是会计信息的接收者，与信宿同义；③传播内容，通常是指企业会计部门向外界传递的、大众普遍认可的会计披露，即会计数据与相关说明；④传播渠道，即会计信息传达的载体，与信道同义；⑤反馈，即所有接收到已经传播出来的会计信息参与者的反应，也称为会计信息参与者对这一信息传播过程和结果的反应。

（二）信息的传播效率

在传播过程中，会计信息想要实现价值最大化，就必须提高传播效率，这直接影响到投资者的决策，也会对市场资源分配产生影响（Souza et al，2010）。因而，提高传播效率，保证传播的信息质量，就必须从会计信息传播的五个因素入手，保证每个因素的传播质量与效率，即高质量的信息输出、畅通的信息传播渠道、优质的信息载体以及大量的信息需求，这本身就是一个动态且井然有序的过程。宿淑玲（2012）研究认为，信息能否得到充分解读，信源披露信息的水平很重要。企业的信息披露水平除受企业股权结构特征影响外，还因信道、信宿的特征与行为以及信息披露水平、信息传导能力和信息解读能力的不同而不同。除了受到传统信息传递效率因素的影响外，媒体的介入、制度环境的变化也会使得信息传播效率发生变化（于忠泊等，2011）。同样，国外的学者也发现在以媒体为基础的信道背景下，投资者的情绪会被公众充分释放的信息所影响，进而影响投资者的行为。

第二节 经济周期理论

一、经济周期的定义

(一)经济周期的定义

经济周期,即通常以国民收入水平来代表经济活动水平的一种波动,是长期形成的一种规律性波动,即经济活动不断扩张、衰弱、收缩、复苏的循环过程。对于经济周期的定义,不同学者从不同角度进行了研究。其中,较为著名的是美国经济学者萨谬尔森对经济周期的定义,他认为美国资本市场是一个不断上行和下行的循环往复的过程:在经济上行时,市场活力十足,企业不仅能筹集到丰富的外部资金,也能通过自身内部的生产经营赚取丰厚的利润,同时提供较多的就业机会;但在经济下行期,企业筹资困难,发展受阻、商品滞销,企业不得不大量裁员。而凯恩斯则从动力学的角度出发,提出经济周期是经济循环运动的过程:当经济体系向上前进时,上升力不断增强直至达到顶点,即波峰;随后下行力取而代之,下降到极点后再反弹,周而复始,不断循环。

基于研究的侧重点和角度的差异,不同学者对经济周期的定义也有所不同,但大多数经济学家对经济周期应具备的基本特征达成了共识,具体包括以下三个基本特征:①经济周期本质上是一种宏观经济现象;②经济周期大致可以分为上行和下行两个阶段;③经济周期长短的划分标准不具有唯一性。

(二)经济周期理论

1. 经济周期内部因素论

经济周期内部因素论认为,引起经济周期波动的因素主要来源于经济体系之内,主要代表性理论有货币信用论、心理因素论、乘数一加速数论。

1)货币信用论

货币信用论研究中的杰出代表是英国经济学家马歇尔,他于 1980 年提出货币信用周期论,认为信用的无序膨胀会对企业生产带来不利的影响,致使供求关系失衡,进而造成商品过剩,最终导致经济周期波动的产生。货币信用论的主要观点是,经济周期波动是由银行体系货币供给波动以及信用扩张引起的,短期内货币供给以及信用扩张导致利率下跌,投资进一步增加,经济呈现繁荣状态。货币过量的供给以及信用过度扩张反过来导致利率上升,使得投资逐渐减少,进而造成宏观经济的下滑。

2)心理因素论

为解释经济周期对人心理的影响,学者们相继提出了心理因素周期理论,核心观点就是人们的心理判断会影响经济决策和经济行为。在市场条件下,信息不对称是引起价格水平与预期水平偏离的主要原因。心理行为对价格波动的影响分为两个方面,即总价格水平的波动和相对价格的波动。由于相对价格波动对于总价格水平波动而言比较频繁,且只会影响企业的投资方向,所以不会对经济周期波动造成影响。而总价格水平波动则会直接影响经济周期的波动,但因不经常发生,且由于信息不完全等原因,人们往往将两者混淆。由于市场中存在信息不对称,总价格水平波动极易被误认为相对价格的波动,从而导致真实的信息被掩盖,使得企业不断增加投资和产出,造成经济繁荣的假象。但当虚假信息被发现,企业意识到不真实投资行为后,会逐渐减少生产,最终导致经济衰落。

3)乘数－加速数论

1939 年,英国著名经济学家哈罗德最早提出乘数－加速数原理,并对它做出了解释。随后,萨米尔逊在其基础上,对乘数－加速原理作了进一步的研究,提出了乘数原理,即投资与社会总需求之间存在正相关关系,社会总需求随着投资的增长而增长。但当市场扩张到一定程度时,市场投资总额逐渐下降,经济开始走向下行期。而后,希克斯(1950)在乘数原理的基础上进一步扩充,将乘数和加速数结合,解释了经济周期的基本特征,并用国民收入的变化来描述投资总量的变动情况。

2. 经济周期外部因素论

经济周期外部因素论,是指引起经济周期波动的因素主要来源于经济体系之外的外部冲击的周期性变化,其中代表理论有政治周期论、技术创新论和太阳黑子论。

1)政治周期论

政治周期论是以非经济因素来解释经济周期形成机制的典型代表。基本观点是在西方的资本主义制度下,各党派需要经过竞选才能执政。随着政府换届,执政党经常发生更换,政府的经济政策也会随着政党的更换而发生改动,这种政府政策的不稳定性最终导致了经济周期波动。一般而言,在选举前,当权者为了继续取得执政党的位置,赢得广大民众的选票,通常会营造出一种经济健康发展的态势,通过扩张性的政策刺激经济,促进社会就业和企业发展,使经济繁荣昌盛。但选举后,执政党为了减少财政赤字和抑制通货膨胀,不得不采取一些手段来削减支出以解决经济发展过程中的问题,最终使得经济走向萧条。

2)技术创新论

1912 年,熊彼特首次提出技术创新,并指出创新包括技术和产品的创新,发现并使用新材料,新的组织和形式建立新的业务。他认为,创新是资本主义的一个重要特征,技术创新是导致经济周期最重要的原因。当一些企业家进行科技创新,并率先在市场竞争中占据优势,便会挤占其他企业的生存空间,刺激其他企业主动或被动进行技术创新和产品升级,最终引发信贷扩张和投资扩张,使经济走向繁荣。但盲目的技术创新和投资将不可避免地导致生产过剩,从而导致经济衰退。因而,技术创新的周期性波动也会在一定程度上对经济周期产生影响。此外,由于技术创新周期是不均匀的,所以对经济波动的带动也是不一样的。根据技术创新周期的不同,可将经济周期可分为"长波""中波"和"短波"三种周期方式。

3)太阳黑子论

杰文斯(1875)首次提出了太阳黑子论,他认为商业危机出现的周期同太阳黑子出现的周期相近,周期长度约为 10 年。这是因为太阳黑子发生周期性变化,会导致地球上农产品产量发生变化,进而对企业原材料和人类生活用品供给产生影响,最终使商业经济发生周期性变化。

二、经济周期波动与阶段划分

(一)中国经济周期波动

1. 中国经济周期的阶段划分

近几年,学者越来越关注中国经济周期波动及其阶段划分。部分学者从传统方法入手,通过观察国内生产总值的增长率,并借助经验分析来确定经济周期的波峰和波谷,进一步划分中国经济活动所经历的具体周期(刘树成,1996;刘恒、陈述云,2003)。从 1953 年至 2008 年这 50 多年间,学者们将中国的经济状态按照上行、下行划分为 10 个周期,发现改革开放前后中国的经济周期呈现不同的特点。刘树成在 1996 年提出,改革前波动状态的特征可以概括为:振幅大、峰位高、谷位深、平均位势低、扩张长度短。改革后波动状态的特征可以概括为:振幅减小、峰位下降、谷位上升、平均位势提高、扩张长度延长。[①] 中国最新一轮经济周期从 2002 年开始,经济的特点是上下波动的频率逐渐减小,波峰升高,波谷也上升,呈现整体位势不断提升的态势,这个状态的经济持续时间逐渐延长,

---

① 本节主要参考刘树成(1996)。

经济呈现较好的发展态势。

还有学者基于时间序列模型，以中国国内生产总值数据对经济周期波动进行阶段划分(董进，2006；郑挺国、王霞，2013)，但根据这种划分方法得到的经济周期划分结果并不相同，且与使用传统方式得到的结果也是大相径庭。除了传统方法和以中国国内生产总值数据来划分经济周期外，机制转换模型也是中国经济周期波动阶段划分的一种方法(陈浪南、刘宏伟，2007；王成勇、艾春荣，2010；林建浩、王美今，2013)。

2. 中国经济周期的形成机理

此外，中国经济周期波动的形成机理也是研究热点，一些学者采用实证研究的方式研究了宏观因素对真实变量和名义变量的冲击力度。刘金全和郑挺国(2006)运用数学方法，将货币政策因素纳入自回归模型，分析其对产出的冲击力度，结果表明前者对后者存在显著的非对称性。王立勇等(2010)以开放经济为研究背景，发现货币政策的影响是一个非线性波动过程，与经济增长状态的高低无关，信贷冲击对产出的效用都是呈现显著的非对称性，而这种显著非对称性还体现在利率对产出的冲击上。赵振全、于震和刘淼(2007)也认为，信贷也会对经济周期波动产生一定的冲击，我国信贷市场的不稳定主要是信贷冲击造成的，货币冲击和价格冲击力度其次，实际冲击的力度最小。

除了货币政策冲击，龚敏和李文溥(2007)以及吕光明(2009)还对供给冲击和需求冲击的影响进行研究，龚敏和李文溥认为供给冲击的影响更大，但吕光明认为供给冲击和需求冲击的影响程度几乎是相同的。总之，国内文献研究了中国经济周期波动的各种冲击：技术冲击、货币冲击、信贷冲击、需求供给冲击等。

此外，消费习惯、信贷约束、价格黏性、汇率制度、垄断竞争和流动性约束等都是我国经济市场中传播的经济摩擦因素，都能引起中国经济周期的波动。中国资本市场并不成熟，经济的复杂性、变幻莫测说明市场中还有很多冲击来源和经济摩擦需要进一步研究。

(二)经济周期的两阶段划分

经济周期一般分为上行和下行两个基本阶段。经济上行表现为经济活动活跃并且不断扩张，直至经济活动上行到最高点；经济下行则是经济活动由最高点缓缓回落的阶段，从而缓慢恢复到经济周期中的最低点。对于经济周期不同阶段的确定，需要借助相应的衡量指标来确定，主要的经济周期衡量指标包括物价水平、经济增长率、通货紧缩率、居民收入、社会工业产量等。两阶段划分下经济周期呈现不同的特点，特别是在频率、幅度或是持续时间上，以及经济周期的长度及其表现形式上均有所不同。

1. 经济上行阶段的特点

在经济上行阶段，货币供给不会出现不足，利率较高是经济发展较好时的主要特点。从供需角度看，这一阶段经济社会的总需求与总供给都会不断上涨，呈现两旺的经济形势。作为微观层面的企业，目标性更清晰，要求不断扩大发展规模，市场需求更加旺盛，获得高销量的同时，满足企业利润的最大化。与此同时，企业良好的经营业绩可以进一步刺激社会生产者的收入水平，进而使整个经济形势呈现一片繁荣的发展状态。

2. 经济下行阶段的特点

在经济下行阶段，经济的减缓发展不止由一个因素导致的。例如当社会资源不能满足经济快速发展的需求时，经济就会自然而然地逐渐减缓增长速度，甚至进入衰退的轨道。这个阶段，社会的总需求大幅减少，供给也会随之减少，经济增长速度逐渐下降。在经济发展到最繁荣的时期时，经济增长速度已无法进一步增加，企业间的竞争程度达到最大，而市场中的需求已经在慢慢减少，企业的盈利大不如从前，银行也会减少投资力度，市场逐渐萎缩，经济社会已经步入衰退的阶段。

第三节　行为金融学与投资者行为

一、行为金融学的兴起与发展

行为金融理论诞生于20世纪中叶，由美国俄勒大学的 Burrel 教授和 Bauman 教授提出，他们首次将行为心理学与经济学相结合，将投资者的心理行为及其传统行为加入到投资模型中，以此来衡量投资者的投资收益，并解释了这种金融现象，进一步拓展了行为金融学研究的新阶段。心理学研究在20世纪80年代后得到突飞猛进的发展，由此行为金融学理论得到了很大的发展，人们对行为金融学领域的关注度越来越高，众多典型的行为金融学研究成果层出不穷。学者们从市场流动性角度、心理角度结合经济学，逐步揭示了投资者在不同经济中的心理状况，提出了投资者“心理账户”①(Shefrin、Thaler，1988)、投资者的“羊群效应”②(Scharfstein、Stein，1990)、“偏好反转”③(Lichtenstein、Slovic，1971)

① 本节阐述主要参考查德·塞勒(Richard Thaler)(1988)。

② 本节阐述“羊群效应(Herding)”主要参考 Scharfstein、Stein(1990)。

③ 本节阐述“偏好反转(Preference Reversal)”主要参考 Lichtenstein、Slovic(1971)。

等概念。

关于行为金融学理论中的基本假定主要包括三个，即投资者有限理性、有限贝叶斯法则以及有限套利。投资者有限理性，是指个人在已有的信息基础上，通过充分的分析整理，基于信息效用最大化原则做出对自己有利的决策，即信息定价是投资者必须具备的能力；有限贝叶斯法，是指投资者依据最新的信息对事件进行判断的过程，但事实上该过程并不能如实地反映投资者的实际决策及行为；有限套利，是指市场上的套利行为发挥作用很有限，甚至微乎其微。市场本身存在缺陷，金融行为人受外界的约束和噪声交易的影响，最终使行为受到限制或决策受到影响，故市场套利行为并不能充分实现。

二、行为金融学视角下的投资者情绪

（一）投资者情绪

行为金融学的繁荣发展使得投资者情绪逐渐成为学者们研究的重要方向。由于投资者的情绪直接影响行为，具有较强的一致性，因此投资者情绪对投资者行为具有很强的解释力。同时，实际上讲，投资者完全理性，这是非现实的状态。投资者情绪会通过决策及行为最终影响资产定价过程，进而影响整个资本市场运行。作为影响市场的重要因素，投资者情绪衡量指标的计算及设计备受关注，且产生了很多方法和理论。受制于自身投资经验和能力、个人风险偏好差异，在判断市场信息时，投资者认知上的偏差会使得投资预期偏离资产价值，悲观及乐观的心理预期会对行为造成影响，最终导致资产价格波动。另外有大量研究结果表明，市场上投资者情绪波动会对风险资产收益波动产生很大的影响，这是由于两者之间往往会存在正反馈机制。例如，投资者情绪高涨，使得市场投资热情升温，投资者主观情绪推高了收益率，而这种财富效应会进一步加剧投资者乐观情绪。

（二）投资者情绪的界定

投资者情绪对资产定价以及市场的影响均受到学术界的认可，但对如何定义投资者情绪存在争论。作为金融学与心理学的交叉学科，不同的学者分别从心理学、股价偏离、投资预期、信念和投机等多种角度对投资者情绪进行了分析和界定。

1. 心理学角度

从心理学角度来讲，投资者情绪是一种认知上的偏差。在投资过程中投资者会受到自身心理和情感的影响，对价值判断出现偏差，背离了贝叶斯理性法则。王美今和孙建军(2004)指出，投资者情绪是对资产未来收益的一种认知偏差，它是由于投资者在投资决策过程中，基于心理和情感上的非理性判断，使投资者产生错误认识。此外，投资者心理具有传染效应，投资者的情绪能够在不同个体之间相互影响和扩散，而这种具有相关性的现象在市场上通常会有所体现，如市场上出现大量投资者在投资活动中做出同样的判断或犯同样的错误。

2. 股价偏离角度

从股价偏离角度来讲，投资者情绪被定义为一种市场现象。投资者情绪是影响股价的重要因素，乐观或悲观的情绪使得投资者对未来的预期产生偏差，高估或低估股价，在投资者非理性情绪的作用下，证券的价格与价值进一步偏离，这种现象即为投资者情绪。Cliff 和 Brown(2005)指出过于乐观或过于悲观的情绪，均会使证券价格高于或低于真实价值。Polk 和 Sapienza(2009)指出企业投资行为会迎合短期投资者的情绪，如管理者会通过增加或减少投资主动迎合投资者的情绪，而企业投资行为的变化势必也会影响股价的变动。同时也说明了投资者情绪会引起的证券价格偏离基本价值的现象。

3. 投资预期角度

从投资预期角度来讲，投资者对未来的预期会与真实状况存在系统性偏差，而这种预期偏差则是投资者情绪。从投资者决策是否理性的角度分类，可以将投资者进一步划分为风险厌恶型投资者和噪声交易者(饶育蕾、李一智，2003)。其中，前者在外界的干扰下仍能对证券价格进行理性分析；而后者则容易受外界的影响，并在自身情绪的变化下对资产价值进行判断。Brown 和 Cliff(2004)认为投资者情绪(乐观或悲观)与市场收益相关。De Long 和 Shleifer(1990)指出，投资者情绪反映了市场交易者对资产未来的收益，他们认为噪声交易者对市场信息会产生不同情绪，在投资者情绪的影响下，投资者的非理性交易行为会使得资产价格脱离基本价值，并且当非理性投资者比例上升，噪声交易者对资产未来收益以及收益波动均具有正向影响，说明投资者情绪对市场均有正反馈作用。

4. 信念角度

从信念角度来讲，投资者情绪是投资者对资产未来收益的预期或风险的一种主观信念。Barberis、Shleifer 和 Vishny(1998)基于投资者情绪分析了市场反应过度和反应不足的情况，指出了投资者主观信念形成的过程，并构建投资者情绪的分析模型。Baker 和 Wurgler(2007)指出，投资者情绪是一种不能简单用基本面信息作为支撑，对股票未来收益和风险预期的信念。张宗新和王海亮(2013)分析了主观信念与投资者情绪的关系，并提出了投资者的主观信念对投资者情绪具有正向影响。

5. 投机角度

从投机角度来讲，市场上导致股价高涨的投资者的投机行为，使得理性投资者套利难度增大。因此，非理性交易行为进一步增加，为股市泡沫的产生埋下隐患。蒋玉梅和王明照(2010)采用复合指数衡量了投资者情绪及市场情绪波动，并指出了投资者情绪与股票收益的关系。他们认为市场情绪乐观对未来预期收益具有正向的促进作用，而市场情绪悲观则具有负向约束作用。

从以上五个角度界定投资者情绪后，可以发现投资者情绪具体包括两个基本特征：一是投资者的认知程度，不同投资者对获取信息认知程度的不同会使得最终所作决策的不同，即由于不同投资者在投资经验、专业能力以及风险偏好等方面的不同，导致他们对外界信息的认知结果具有差异性；二是投资者的互动性，投资者的投资活动存在于宏观市场环境下，这种群体活动是投资者情绪产生的原因之一，具体包括控股股东、机构投资者和投资者群体，这种情绪是由于市场上投资活动相互叠加，投资者情绪相互影响而产生的。

基于以上论述，笔者将投资者情绪界定为，在市场复杂的信息环境下，投资者自身认知程度的差异性，以及投资者群体间心理上相互传染及扩散，使得投资者对未来预期会产生一定的系统性偏差。

三、投资者分类及其行为特征

(一)投资者的分类

1. 控股股东

控股股东是指持股份额达到一定比例，并能够控制公司经营，影响公司决策的股东。通常来讲，如果公司的控制权与现金流权未分离，且持有公司股份的股东在公司层面具有表决权，那么控股股东在一定意义上就是持有公司股份数量最多的股东。但特殊情况下，存在通过金字塔机构、交叉持股和多层持股等方式间接控制公司的股东，这种股东是公司的最终控制人，同时也是公司的实际控股股东。本章研究的控股股东主要是指持有股份最大，能够对公司经营和管理层任命形成绝对控制的股东。

2. 机构投资者

机构投资者是指通过有价证券投资使基金委托人受益，为委托人管理资产的非储蓄性的金融机构。根据管理资金不同的来源，学者将机构投资者划分为广义机构投资者和狭义机构投资者。其中，广义机构投资者管理资金的来源主要是自由资金，同时也有从委托人手中筹措的资金，如信托、保险、券商等；狭义的机构投资者则主要通过代理的方式筹措资金，如财务基金、投资基金等。总的来说，机构投资者具备以下三个特征：一是具有来源于自有或信托的投资资金，二是具备管理资金的专业人员，三是从事于金融投资的中介机构。

3. 中小投资者

从资金来源的角度看，企业成立发展运营资金的外部资金主要来自于股权融资和债权融资。股东承担了更多的企业边际经营风险，债权人和其他投资者主要是以固定的契约合同来分享企业受益，无法享受经营绩效变动而带来的额外的损失和受益，他们参与公司的积极性也具有局限性。因此，在公司股权融资中，一般把管理层和控股股东持有的股权称为内部股权，而把公司外部人（主要是中小投资者）持有的股权称为外部股权。因此，笔者将中小投资者范围限定为在上市公司募集设立或证券市场上通过购买上市公司的证券、以获取证券资本利得为目的的投资者。笔者研究的中小投资者权益保护，不包括债权人和其他利益相关者。

（二）投资者的行为特征

1. 控股股东利益输送行为

利益输送是指利益的转移，利益输送在广义上是指企业的利益在股东、债权人、管理者之间进行转移的过程，但狭义上仅指企业利益转移到股东手中的过程。基于此，笔者从狭义的角度出发，拟研究控股股东对上市公司利益输送行为。根据控股股东利益输送方向的不同，可以将其分为输入型和输出型两种。输入型利益输送是指公司经营遇到困境，控股股东更多基于公司利益的考虑，选择通过短期人为的手段，即内输行为来帮助公司提升经营业绩，以期获得更多回报的支持行为。输出型利益输送是指控股股东利用控制权，通过各种手段将利益从上市公司转移到自己手中，也称之为掏空行为。

2. 机构投资者持股行为

机构投资者通过持有公司股份、行使投票权、参加股东会议等方式参与公司的经营决策，并监督控股股东及管理层的行为，也称之为机构投资者积极持股行为。反之，则为机构投资者消极持股行为。通常机构投资者的持股行为分为三种情况：一是通过出售所持股票这种消极的方式表达不满，从而影响内部控制人行为；二是通过积极参与公司治理，并采取各种方式对内部控制人施压；三是以消极的态度持有股票，对公司的经营和决策等保持沉默。

3. 投资者非理性行为

王惠文和袁建明(2004)在研究中指出,常见的投资者行为可以分为非理性、有限理性和综合性三种方式,这三种行为方式具体表现为:第一,非理性投机行为,中国的资本市场相较国外的资本市场而言还处于不成熟的阶段,投资者心理不够成熟,容易产生跟风等非理性行为,这在一定程度上加重了中国资本市场的波动;第二,有限理性投机行为,在不成熟的市场中,有限理性投资者拥有专业投资基础,对股票市场的行情有一定的了解,并能对上市公司的基本面有一定的分析,投资心理也相较成熟;第三,综合性投机行为,这种情况下投资者的投资行为同时具备理性和非理性的特征,既不会在不完善的市场中迷失自我,也不会面对利益而无动于衷。

四、投资者行为的影响因素

(一)投资者个人需求因素

政治经济学中将人的需求划分为生存需求和社会需求两个层次。这两种需求对资本市场中的每一位投资者同样适用。生存需求是首要的、主导的需求,其次才是社会需求。作为投资者,生存需求就是通过对已有信息的分析,做出利于自己的决策从而获取利润的需求。社会需求是投资者除了利润之外,就投资者这个身份所追求的成就、权利以及亲和力三个方面的精神需求。在某些时候,社会需求对于投资者而言比生存需求更重要。据此,若上市公司要吸引个人投资者的投资活动,则需优先满足个人投资者的社会需求。在中国现有的资本市场中,大多数上市公司仅仅考虑到个人投资者的物质需求,并且以物质条件来诱惑投资者,而完全忽略了社会需求。

此外,个人投资者在面临国内尚不成熟的市场与上市公司治理结构的不完善时,会经常依赖启发式思维做出投资决策,启发性思维有的时候会对拥有的信息产生出其不意的判断,对市场、上市公司独特的见解会让投资者收获利润。启发性思维的产生是建立在投资者本身拥有的信息、专业基础知识以及资金成本等条件之上的。尽管启发性思维会带来意想不到的收益,但是启发性思维也会带来弊端,比如容易让投资者产生认识偏差,进而遭受损失。

(二)市场需求因素

1. 投资信息

投资信息主要与外部环境以及上市公司的发展状况和公司内部治理结构的

完善程度等相关。外部环境主要就是指宏观环境，具体包括以下三个方面：一是信息的可理解性，即信息传递过程中起到的作用就是让使用信息的人能够懂得信息表达的意思，并能提取出让自己获取利益的信息，让信息价值化；二是信息的可信度，投资者进行投资决策的主要依据就是自己掌握的信息和外部公开披露的相关信息，如果获取信息的可信度越差，那么投资者进行错误决策的可能性就会越高，所蒙受的损失也会越大；三是信息的数量，在信息时代，市场中的信息已经无法计数，有用的、没用的都呈现在投资者面前。因此，投资者就必须花时间去分析、挑选对自己有利的信息以避免被无用或错误的信息干扰。

2. 政府行为

虽然我国目前实行的是市场经济，但经济还是受到了政府的干预。无形的手在各国的经济中都是存在的，尤其对我国的市场而言，国家政策是必不可少的存在。市场的政策性会影响宏观经济的发展，因而投资者也必然会受到不同程度的影响。当政策有利于投资者的时候，投资者的投资心理必然受到鼓舞，大量买进股票或者延长持股的时间；当政策不利于投资者时，投资者就会谨慎买入甚至抛售股票，以观望的态度等待市场好时机的到来。不仅仅政策的颁布会影响投资者的行为，政策颁布的频繁度也会影响投资者的行为。政策颁布的频繁度越高，投资者对未来发展走向的不确定性态度越强，决策就越容易受到干扰。此外，政策出台的及时性也影响着整个市场，对于不确定的市场发展趋势，投资者必然会产生短期炒股的心理。因此，政策行为严重影响着整个市场的发展方向。

3. 他人行为

1)庄家行为

相较于个人投资者，机构投资者具有信息优势和资金优势。面对市场时，相比个人投资者，大部分机构投资者有更多的分析行为。对于个人投资者来说，他们可能并没有十分扎实的专业基础知识，对市场的走向把握也不会十分准确，对上市公司的基本面分析也不会太全面，因此他们会依赖机构投资者的优势，根据其决策行为做出自己的决策。这样一来，机构投资者很可能利用这一心理，侵害这些个人投资者的利益来获取超额利润。

2)大股东行为

除了机构投资者，大股东也是影响个人投资者行为不可忽略的因素。同机构投资者一样，大股东可能为个人投资者带来利润，也可能让个人投资者遭受损失。比如，大股东为了个人利益，利用法律的缺陷以及自身对个人投资者的影响力，侵占个人投资者的利益。当然，大股东对个人投资者的影响主要来源于大股东的个人魅力、权威性和公正性。因此，对个人投资者的增持行为，大股东起着至关重要的作用。一旦大股东无法取信于个人投资者，亦或者自己的侵占行为被发现，个人投资者就会减持，甚至完全抛售手中持有的股票。

3)经营管理者行为

个人投资者的决策行为很容易受到企业经营管理者的影响。但企业管理者与股东本身存在代理冲突，管理者追求的是公司利润最大化，而股东更多的是关注公司价值的最大化，两者的目标是相矛盾的。因而，公司管理者与股东之间经常会发生利益冲突。在信息高度不对称的情况下，存在管理者道德风险和逆向选择，经营管理者会充分利用自身优势侵占公司股东的利益。为了避免自己遭受更多无谓的经济损失，中小股东就会采取消极的态度，例如市场上经常出现的“搭便车”[①]行为。这种行为的出现是由于中小投资者无法扭转经营管理者与股东之间相互勾结，攫取其他股东利益的现象，而不是因为他们唯利是图或者无法利用自己单薄的专业知识做出合理的决策。

第四节　委托代理与信息不对称

一、信息不对称理论

(一)信息不对称的提出

20世纪70年代，诺贝尔经济学奖获得者 Michael、George 和 Joswph 首次提出了信息不对称理论。他们认为，信息的获取量与个人所处的环境、身份地位等有关，获取的信息量不同也是正常的，但是信息具有流动性和传递性。因此，拥有信息量较多的一方可以凭借有用信息向缺乏信息资源的一方索取利润。传统经济学中的一个基本假定就是经济人拥有完全信息，然而在现实生活中，这种情况是不存在的，更何况我国的市场还处于不成熟阶段，市场参与者更是不可能完全拥有信息。

信息不对称理论的基本假设有两点：第一，信息分布的不对称，由于环境、个体地位等差异，普遍存在一方拥有信息较多，而另一方较少的情形；第二，交易者之间信息的差异性，委托代理关系就是经济中最典型的由于信息差异性形成的交易关系，本质上就是普遍存在于市场中的社会契约形式。

信息不对称理论认为，交易双方在博弈的过程中，为了实现各自的最大化效

① 本节阐述“搭便车”主要参考美国经济学家曼柯·奥尔逊(1965)。

用,都希望能获取更多的信息以便做出科学合理的决策。但实际情况是交易双方无法获得完全统一的信息,通常情况下存在信息优劣方,不同交易者为获取信息所付出的成本也会有所不同,信息不对称的现象由此产生。

(二)信息不对称的内涵与分类

1. 信息不对称的内涵

信息不对称是契约经济学理论中的核心概念。所谓信息不对称,是指交易双方对有关事件的知识或概率分布的掌握程度不同,即一方知道而另一方不知道,或者另一方知道得更多,甚至第三方也无法验证,均须花费巨大的经济成本。信息不对称是普遍存在的一种现象,主要以隐藏信息和隐藏行动两种方式存在。张维迎(2003)根据非对称信息发生的时间和非对称信息的具体内容,把非对称信息分为事前隐藏信息的逆向选择、事后隐藏行动的道德风险以及事后隐藏信息的道德风险。

2. 信息不对称的划分

基于时间节点的不同对信息不对称进行划分,主要包括事前信息不对称和事后信息不对称。其中,事前信息不对称,是指交易双方都希望在交易前凭借自己的信息优势获取最大的收益,即交易前双方所掌握的信息不对称会导致不同的收益结果。例如,在商品的交易过程中,销售方会通过各种渠道了解购买者的意愿、消费偏好、消费水平等信息,而买方更期待获取更多产品质量的信息。事后信息不对称,是指交易结束之后,为完成相关协议中规定内容所产生的信息不对称。不论是事前信息不对称,还是事后信息不对称,均会导致道德风险与逆向选择的发生。

(三)信息不对称的特征

信息不对称的特征主要包括普遍性和动态性。基于委托人和代理人都是基于自身利益最大化的假设,双方在博弈时会产生信息不对称,因此具有普遍性。不同利益驱动信息持有人对信息处理的不同反应,使得信息无法线性传递,进而导致信息不对称。而动态性是指在达到动态平衡的博弈过程中,信息的传递和反馈作用使得信息这种对称和非对称状态的动态变化,并不断向信息对称转化。这两方面的特征具体可总结为以下几点。

1. 信息源占有的不对称

如今经济社会的竞争越来越激烈,如何获取更多有用的信息已然成为企业发展的战略问题。但现实经济社会的复杂性和信息传递通道的多元化,使得信息无法实现均匀分布，导致市场参与者的利益无法得到均衡分配。例如，专业的机构投资者在进行投资决策的过程中，拥有比个人投资者更多的资源优势，且他们的专业素质和分析能力更强，相较于处于劣势地位的个人投资者，机构投资者拥有更多的信息，在股票市场交易中处于优势地位。

2. 信息获取时间的不对称

在市场交易中，一个生产流通环节的各方存在接收信息时间的差异，如获取信息渠道的不同，产品信息来源的不同，均会在一定程度上影响这一时间的滞后差异。如果获取信息时间较早，就能利用信息优势进行分析判断，更早、更准确地做出交易决策，在一定程度上拥有了交易的优势。而处在流通环节最末端的信息接收者，时间的劣势往往造成交易的劣势，甚至遭受交易损失。但是这种损失会因为流通时间的减少而逐渐变小，即损失会因为时间逐渐对称而变小。此外，更有市场参与者为了维护已有的信息优势或者一己私利，故意制造不对称的信息，混淆其他交易者的分析与判断，使其他交易者遭受损失，但这种不对称不会一直存在，不对称与对称往往是循环往复的互动过程。

3. 处理信息能力的不对称

处理信息能力的不对称实际上就是情报能力的不对称，而情报能力则是对信息搜集、记录、整理分析和运用的能力。市场参与者做出决策前需要对共同关注的事情进行信息收集、归纳整理、加工等，但在这一系列过程中，会因信息加工人员的技术以及管理层目标、知识层次，决策水平的差异而产生较大差异性的信息，最终导致决策层做出非最有效的决策。比如在股票市场中，针对同一股票，不同投资者对股票的发展前景有不同的理解，每个投资者都会通过自己的专业知识对企业发布的公开信息进行分析，由于处理信息的能力有所差别，投资者做出的投资决策也是不一样的。当然，当处理信息的能力提高时，信息不对称的程度就会有所减少。

4. 信息成本的不对称

信息传递过程中时间和空间渠道的差异性增大了获取、分析、加工处理和应用信息的难度。为了破除这种不对称，就必须付出高额的成本来实现信息的对称性。比如，在股票市场上，个人投资者通常愿意花费一定成本请专业人士帮助自己分析企业的发展状况，进而决定股票是否值得投资。

二、委托代理理论

(一)委托代理理论的内涵

委托代理理论作为制度经济学中契约理论的主要组成部分,是 20 世纪 30 年代美国经济学家 Berle 和 Means 首次提出的,他们认为企业的所有者与经营管理者合二为一是极度不利于企业发展的,企业的治理体系存在很大的漏洞与弊端,这也是契约理论最核心的内容。企业作为委托人与企业管理者之间存在很多冲突,两者之间也存在着信息不对称的问题,这些问题是代理关系建立的基础。因此,在利益相冲突和信息不对称情景下,Lewis 和 Sappington(1991)认为,最优契约激励代理人是解决委托人与代理人之间冲突的途径与方法。

委托人与代理人之间的矛盾随着企业的两权分离越来越激化。以经理人为代表的管理者不再是以公司财富最大化或者股东财富最大化为目标,而是利用信息不对称追逐自身利益的最大化(Berle、Means,1932),而股东就会设计一套制约管理者一味获取利润而不顾企业发展的机制,控制管理者的机会主义行为,在监控过程中股东也会不断获取利益,而不是一味付出监控成本。因此,已有的文献中,由于企业两权分立,管理者成为了追逐利益的机会主义者,而所有人就是因信息不对称受侵害的业主。企业所有者与企业管理人员之间的矛盾是代理问题的体现,很多学者认为他们之间是一种契约关系,股东为了追求企业财富的最大化,而企业管理者则是为了追求公司利润的最大化。这一情况下,信息的不对称更是让两者之间的冲突愈加明显(Jensen、Meckling,1976)。

(二)委托代理理论的基本假设

众所周知,任何理论的构建都是建立在一系列基本条件和假设之上,而委托代理理论主要遵循的是以“经济人”假设为核心的经济学研究模式,同时以下列两个基本假设为理论研究的基础。

1. 委托人和代理人之间利益冲突

企业的委托人(所有者)和企业的代理人(管理者)之间不可避免地存在着矛盾与冲突,企业两权分离是导致两者矛盾的直接原因,而信息不对称是核心原因。企业所有者与管理者作为理性经纪人,在一定程度上均是以追求自身利益最大化为前提。在这种代理关系下,代理人的努力投入与企业业绩产出一般成正比,但是委托人更多关心企业的经营绩效,代理人的付出往往遭到忽略,代理人能够得到的报酬(委托人的支付成本)与企业的经营业绩往往不成正比。由此可以看出，委托人与代理人追求的目标不一样，自身利益的不一致、信息的不对称就会使代理人采用各种手段追求自己的利益最大化，甚至不惜损害委托者的利益。因此，随着代理问题加重，机会主义行为也随之产生。因此，建立某种机制来解决代理问题、杜绝机会主义行为变得更加迫切，在企业中主要的代理关系和利益冲突可以分为以下三种。

1)股东与管理层

股东主要是委托管理人员管理和发展企业日常经营业务，以期企业能够在管理人员带领下获得良好的发展前景与优异的经营业绩，但是管理人员辛苦为企业发展所创造的财富由企业的全体股东分享。管理人员的工资薪酬与企业的经营业绩相挂钩，但主要还是由股东决定。作为企业的所有者来讲，以最小的管理成本获取最大的股东财富收益是他们想要实现的目标，管理人员希望获得额外补贴的个人目标与所有者股东财富收益的目标相互冲突。

2)大股东与中小股东

大股东通常指企业的控股股东，他们的持股比例比较大，能够决策企业的重要经营方向、战略定位等，拥有对企业的控制权与话语权。而企业大多数的股东都是中小投资者，与大股东相比，他们拥有的股份数量极少，对企业日常的运营起不到控制、影响、决策和监督的作用。也正是由于这种地位的差异，使得大股东和中小股东之间的信息高度不对称，而且中小股东又没有任何发言权，导致中小股东的利益被侵害。在我国，大股东与中小股东利益冲突的现象尤为严峻，这种冲突主要体现在选举企业的董事会与监事会成员、股利分配和公司并购中。

3)股东与债权人

股东和债权人存在资金交易时，两者之间的目标差异就会由此产生。对于股东而言，借入的资金是为了实现企业价值最大化的目标。因此，在企业作投资决策时，股东更偏向于选择风险较大、收益较高的项目，但这类项目的投资回报具有极大的不确定性。而债权人出于安全收回借出的资金考虑，会更偏向于风险较小、收益也较小的项目，这类项目的投资回报基本上是确定的，即这类投资项目相对来说是安全的，企业不会损失经济财产。同时，股东和债权人风险偏好的不同也会进一步加剧两者之间的投资冲突，股东可能会在一定程度上损害债权人的利益，进而形成更大的利益冲突。

2. 委托人和代理人之间信息不对称

在非对称信息博弈论基础上，学者们通过研究提出了以委托代理关系为主要研究内容的委托代理理论。而传统经济学理论中的基本假设就是市场中各方不存在信息的不对称，所有的投资者都掌握了市场的全部有效信息，例如购买者对产品的质量、用途以及价格行情完全了解，同时生产者对于购买者的喜好、购买能力以及市场销售情况、同行业销售情况等也是完全了解的。对于复杂、变幻莫测的经济市场，这种理想的假设是完全不存在的。首先，信息获取存在壁垒；其次，经济主体对市场环境认识存在偏差；最后，故意隐瞒事实、曲解信息，散布不真实信息等行为都会导致信息不对称。

在资本市场中，信息不对称主要体现在非对称结构上的不完全，即每个市场参与者拥有的信息量是不一样的，对信息的处理能力和分析判断能力也不同。信息的不对称容易导致交易风险，如交易风险的增加和代理成本的上升通常是由事后的信息不对称引起的，而管理层的逆向选择则主要是由事前的信息不对称导致的。

第五节 盈余管理的基本理论

一、盈余管理的内涵与特征

盈余管理在学术界引起了广泛的关注，但学者们仍未能对它的含义达成一致意见。部分学者认为，盈余管理是由于企业为掩饰真实经营业绩，操纵利润，滥用会计准则引起的。但也有一些学者认为，盈余管理不等同于会计造假，是一种合理、合法的范围内的会计选择，并非利润操纵。盈余管理作为一种向其他利益相关者传递信息的工具，在调节各方权益、促进企业健康发展等方面发挥了积极作用。还有一些学者提出，盈余管理可视为企业为实现价值最大化的一种投机行为。笔者归纳了众多学者的观点后，认为可以从以下四个方面对盈余管理进行总结：①盈余管理的主体，即控股股东、董事会、总经理等高层管理人员，从自身利益出发，利用会计政策漏洞操控利润；②盈余管理的客体，即企业对外公开披露的会计信息；③盈余管理的目标，会计信息的使用者是根据上市公司的财务报告进行决策的，盈余管理的目标就是让投资者根据企业提供的“完美”的财务报告，从而做出有利于企业持续发展的投资决策；④盈余管理的途径，为实现企业“粉饰”财务报告的目的，管理人员就必须通过会计准则提供的操作空间，即有目的地选择会计估计或会计方法，如提前确认收入、费用等。

在众多学者的研究基础上，笔者认为盈余管理作为一种利润操纵手段，违背了会计准则规定的中立原则，使原本应不偏不倚地反映企业财务状况、经营业绩、现金流的财务报告发生了倾斜，会计信息真实性在传递的过程中产生了偏差。为牟取私利，管理者凭借自身独有的信息优势，利用会计准则、相关法律、法规的漏洞影响其他利益相关者的决策，损害其利益。盈余管理人为修饰了企业的利润，使企业价值流向发生转移，故有必要对它进行约束和治理。

二、盈余管理动机理论

近年来，国内学者结合我国资本市场的特点，对于盈余管理动机进行了深入的研究与探索。陈致平(2001)从盈余管理动机受益人的角度出发，将它分为两个层次，即终极动机和中介动机。终极动机主要是谋求私人利益的最大化，受益人为控股股东或者代理人，而中介动机是谋求上市公司利益最大化受益动机来自企业经营、投资、筹资等方面。许波和康俊青(2002)也对盈余管理动机有类似的划分标准，他们将盈余管理动机划分成以利益诱因和组织目标为出发点的直接动因和间接动因。惠小兵和陈方正(2001)汇总上市公司经理人月度调查统计，将上市公司盈余管理的动机划分为报酬契约动机、IPO 动机、配股动机、保牌动机、银行借款动机、高级管理人员的变动、市场动机和税收动机八个动机。①虽然这种对盈余管理的动机划分较为全面，但缺乏对盈余管理层次上的划分，缺乏逻辑性。

结合众多学者对盈余管理动机的研究和划分，笔者从宏观和微观角度将盈余管理动机分为宏观动机和微观动机。其中，宏观动机指的是资本市场动机，而微观动机则更多的从企业层面进行总结。

(一)宏观动机

资本市场为保障投资者的利益，制定了一系列上市公司进入市场的规章制度，对首次公开发行股票、配股、退市、收购兼并等行为都进行了具体的规定。上市公司为了短期能进入市场，必须要达到相应的盈利能力和盈利水平的要求，因此，企业极可能为资本市场动机进行盈余管理。上市公司盈余管理动机包括融资、避免被退市、缩小实际业绩与预期差距、股权再融资、债券融资、收购等。

1. IPO 和配股动机

对于首次公开募股的企业，公众对其了解较少，获得的信息不完全。因此投资者只能通过企业的财务报告进行了解，对注册会计师依赖较大。Bernard 和 Thomas(1990)认为，在 IPO 企业中，经营业绩与股票发行价格之间存在显著的正相关关系，管理者为获得更高的股票发行价格，往往对外发布虚假的财务信息。Teoh 等(1998)发现将近 10%的公司在 IPO 前后进行了盈余管理行为。具体表现为，上市公司在 IPO 前倾向于进行向上的盈余管理来达到上市的条件，

---

① 本节阐述盈余管理八个动机主要参考惠小兵、陈方正(2001)。

而在IPO后，为了将以前的利润调回或进行利润平滑，更可能进行向下的盈余管理。Aharony等(2000)对于国内的股票市场研究也进行了研究，认为中国企业在发行新股时出现盈余管理，并从投资前后总资产收益率的角度证实了IPO中盈余管理的存在。之后有学者在进行IPO盈余管理的研究中，将模型进一步修正，提出了现金流收益模型(王春峰、李吉栋，2003)，根据该模型的检验结果，企业在IPO前后均存在进行盈余管理的动机。还有部分学者从政治角度出发，检验了法规政策对盈余管理的诱导作用(陆宇建，2003)。此外，张祥建和徐晋(2005)从IPO企业的业绩入手，通过进一步的研究发现，配股后企业的业绩水平逐渐下滑，且可操纵应计利润与业绩显著负相关。这一观点得到了刘星和徐腾(2003)、张少岩和李希富(2006)的证实，即配股后的企业，若没有进一步的融资计划而经营又不乐观，在业绩下滑的情况下，管理者仍然会延续配股前的做法。

2. 避免退市动机

在中国资本市场中，上市公司的资格是具有战略优势的稀有资源。而中国证券监督管理委员会(简称中国证监会)为保障投资者的利益，会对上市公司的资格进行审核，对上市或退市都有严格的要求，为了保住上市的优势，避免被退市的危险，上市公司通常具有更强的盈余管理动机，特别是亏损的上市公司，一方面利用会计准则的空子，另一方面采用不易被察觉的方式来披露信息(陆建桥，1999)。吴联生等(2007)以上市公司和非上市公司为对比样本，运用参数估计方法，研究了股票市场对二者盈余管理程度的影响，并发现上市公司的盈余管理程度会随着上市时间的增加而加大，而非上市公司则是相对均匀分布的。

3. 迎合分析师预测动机

在西方发达的资本市场中，证券分析师往往起到了至关重要的作用，他们的预测与股票市场的兴衰、股票的价格涨跌紧密相连。若证券分析师预测与企业的盈余水平相距甚远，将导致上市公司股价的波动，无论涨跌最终都会影响到管理层的工资、股票、期权、声誉等自身利益。因此管理层更愿意迎合证券分析师的预测来获得自身利益最大化。Abarbanell和Lehavy(2003)研究发现，管理者会根据证券分析师的预测调高或调低企业的利润，进行盈余管理。Burgstahler和Eames(2006)也发现，为了达到市场分析师的预测，企业会通过各种手段将盈余水平提高，从而产生盈余管理动机。然而，中国资本市场本身就不成熟，分析师的独立性并不能与发达市场分析师的独立性相提并论。因此，在中国市场上，分析师的预测对企业并没有太大的影响。

4. 股权再融资动机

国外学者主要是从发行季节性股票(Seasoned Equity Offering)的前后时间段的盈余管理开始研究。Dechow 等(1996)指出,因财务报告违规被证券交易委员会处罚的公司,往往在被发现违规前,在增发新股时进行过于频繁的盈余管理行为。Rangan(1998)以美国上市公司为研究对象,发现增发新股的前一年和后一年分别存在着向上和向下的盈余管理。国内学者对上市公司增发新股与盈余管理的关系也进行了研究,并证实了上市公司增发新股的前一年存在盈余管理行为,后一年同样存在盈余管理行为(陈龙水,2002)。在此基础上,张继伟(2006)通过上市公司净资产收益率的具体数据,验证了公司增发新股与盈余管理之间的关系,即为了满足增发的政策条件,上市公司在增发的前一年会进行盈余管理,使企业的净资产收益率不断上升。

5. 债券融资动机

Spiess 和 Affleck(1999)以发行定息债务和可转换债务的企业为研究样本,发现企业在发行债务后的长期股票收益明显降低,尤其在纳斯达克上市的小企业、新兴企业中尤为明显,这是因为低收益的长期股票能有效降低企业的经营风险,但是由于债务发行的风险差异缺乏实质衡量标准,因此他们并没有给出实证证据。后续学者也对此进行了探讨,得出了不同的看法,即定息债务与长期股票收益的关系为正(Cheng、Jung,1995),但不显著,因此他们认为从整体上看,定息债务发行没有影响股东财富。

6. 管理层收购和企业并购动机

很多学者从管理层收购或者企业并购的角度研究盈余管理。20 世纪 80 年代,De Angelo 开始研究盈余管理在管理层收购(Management Buyouts)中的作用,他认为当上市公司进行管理层收购时,倾向于调减利润,降低收购价格,但得到的结果并不显著。此外,Erickson 和 Wang(1999)以发生并购的企业为研究对象,发现在收购的过程中,企业有不同的盈余管理动机与行为。在收购前,企业通常进行向上的盈余管理;在收购后,收购企业则会将前期被管理的盈余调转回来。

(二)微观动机

企业管理层进行盈余管理主要是基于契约、政治成本和避税的考虑。其中,契约包括债务契约、薪酬契约以及控股股东与高级经理人的更换。政治成本包括应对反垄断和反倾销调查的盈余管理动机、应对行业监管的盈余管理动机和基于其他政治成本的盈余管理动机。

1. 契约成本动机

Watts 和 Zimmerman(1986)指出,代理人和委托人之间的契约关系若没有被违反,则契约无法减少二者之间存在的代理成本和利益摩擦。企业是契约存在的基础,而会计数据在签订和实施契约的过程中起到了决定性作用。一般而言,契约中设置的限制性条件都是以会计数据为基础的,因此企业不可避免地会在契约的制定中利用会计手段操纵财务数据,使契约顺利进行。例如,企业管理人员私欲较大,为了得到自己想要的利益,就会通过各种手段在契约中利用会计政策漏洞、滥用会计估计改变会计数据,操纵企业的利润,这就是企业管理人员进行盈余管理的动机。为了保障企业所有相关利益者的利益不受到侵害,就要求企业管理人员签订各种契约以防止他们为了一己私利而侵害企业或者他人财产,而最常见的约束条款就是审计后的会计数据。条款内容通常有以下内容:第一,维持债务数量,不再增加新的债务;第二,控制营运资本的数额,仅仅允许营运资本在一定范围内浮动;第三,对投资的额度进行限制;第四,控制企业的兼并活动。对债务契约严格控制,即企业兼并后的有形资产不允许低于长期负债的一定比例,这个比例的临界值是企业发展能够生存下去的前提。

2. 政治成本动机

政治成本是指由于政治监管而引起的运营成本增大,企业的发展遭受到的冲击。为了破除政治管制对企业发展的不利冲击,将企业的利润由内向外进行转移,企业管理人员很有可能采取向下的盈余管理行为,隐藏企业的真实业绩水平。Zimmerman(1983)提出了规模假设,认为与大企业相比,小企业受政府监管的影响较小,对政治成本的敏感性较低,因此,小企业不会采用递延报告期收益的会计程序来抵御政治管制的冲击。而转移财富方式之一的税收制度进一步对该假设给予支持。在政治监管中,企业需要解决的最大问题是反垄断监管,尤其是涉及能源、通讯等战略行业的大型企业。Key(1997)以美国企业为背景,发现电视、电报等行业为了规避高昂的政治成本,在调查期间普遍实施了盈余管理,降低了企业的利润水平。此外,张晓东等(2008)也发现,中国的石油石化企业,在油价上涨的期间,为了避免树大招风往往隐藏利润,采取向下的盈余管理。

3. 避税动机

从企业短期发展角度来看,盈余管理可以在一定程度上改变企业的纳税金额,但是长此已往,盈余管理就无法起到改变纳税金额的作用。这是因为短期内,盈余管理具有避税的作用,可以通过对企业利润做出适当的调整,减少企业的费用、支出、现金流出,提高企业资金的短期流动性。国家税收政策的改变会导致企业的税后利润发生变动,进而对企业的发展产生影响,因此企业有充分的理由和动机进行盈余管理。王跃堂等(2009)证实这一观点，当税率越低，企业避税动机越大，企业倾向通过盈余管理的方式去调整利润。而盈余管理方式也会因避税动机的不同而发生改变，李增福和郑友环(2010)发现税率高的上市公司，不会选择应计项目的方式调整盈余。

三、盈余管理目的理论

为了出具符合会计准则规定的财务报告，但又能最大限度地隐藏财务信息中对企业的不利因素，盈余管理就成为满足各方要求的行为方式。通常，企业管理当局会通过选择合理的会计政策和变更会计估计来调增或调减企业的利润，达到盈余管理的目的。因此，盈余管理的目的包括利润最大化、利润平滑化以及利润最小化三种，具体如下：

(1)利润最大化。中国证监会为保护投资者的利益，规定连续亏损的上市公司必须暂停上市，因此，管理者为获得自身利益最大化和更高的薪酬奖励，常常利用会计政策对企业利润进行操纵，以保住企业的上市资格，人为地提高企业的利润水平，以此达到任期内的要求。

(2)利润平滑化。股东为获得稳定的长期利益，会对管理者任期内的盈余水平做出要求，将管理者薪酬与企业盈余程度相联系。为了避免企业利润发生巨大波动，获得持续增长的工资奖金，得到银行长期的资金支持，维护良好的社会形象等，管理者更倾向于将企业的利润平滑化。

(3)利润最小化。企业为了减小政府管制对自身产生的不利影响，降低因政府干预产生的政治成本，通常会将较高的利润通过会计方法、会计估计等会计选择的变更，让费用、支出增加，损失增多，以此达到利润减小的目的。为了避免被退市的风险，上市公司在持续亏损时往往会降低当期利润，给下期利润提供增长空间，以期达到扭亏为盈的假象。当税率较高时，企业税负过重，管理者为保障稳定的利润水平，往往也对会计选择进行变更，通过确认当期的费用和支出，达到减小本期利润的目的。

总而言之，盈余管理的类型在一定程度上取决于上市公司进行盈余管理的动机。在政治成本动机下，盈余管理多表现为利润最大化或利润平滑化；在避税动机、避免退市动机下，盈余管理常常表现为利润最小化。因此，盈余管理的动机并非相互独立，而是相互关联、共同作用的。

本章小结

本章通过资本市场稳定性、经济周期、行为金融学与投资者行为、委托代理理论以及盈余管理等基础理论的论述，分析了资本市场的信息外溢与传播扩散效应，经济周期的划分与波动，投资者行为的影响因素、特征以及盈余管理的动机和目的。通过本章的分析可以得出如下结论：

(1)资本市场波动性是市场正常运行的基础，但资本市场的风险具有传染性，单个机构风险很可能引发大面积乃至系统性风险。

(2)经济周期也被称作商业周期或景气循环，通常表现为经济活动随着经济发展整体趋势，周期性出现经济上行与经济下行有规律地交替重复。

(3)随着行为金融学理论的不断完善，投资者情绪逐渐成为了学者研究的热点话题。在行为金融学的视角下，不完全理性投资者是存在投资者情绪的，他会通过决策及行为影响整个资本市场运行。

(4)盈余管理作为一种利润操纵手段，管理层利用独特的信息优势，通过向上的虚增利润和向下的调低利润进行盈余管理活动，人为地修饰企业的利润，转移企业价值流向的同时，也会损害部分股东的利益。

总之，本章的研究内容为后续的实证研究提供了相关理论分析基础，为进一步探讨盈余管理产生的机理以及经济周期下控股股东、机构投资者行为对盈余管理的影响作了铺垫性分析。因此在接下来的章节中，笔者将通过盈余管理产生及行为的机理分析，结合宏观经济数据、投资者数据及我国上市公司的财务数据，进一步研究经济周期不同阶段下投资者行为对盈余管理的影响。

第三章　经济周期对盈余管理影响路径的实证研究

第一节　经济周期对盈余管理环境的影响

一、经济周期的形成机理

(一)内部传导

内部传导机制是经济系统内部结构特性对冲击的反应,是一种自调节机制,反映了经济周期的“内生传导”,即经济周期的自我推动。内部传导的冲击力是导致经济周期波动的动力源泉,是经济发展的内生变量,决定了经济发展的波动特点。随着中国经济的快速发展,内部冲击力力度加大,并通过经济体系对整个经济产生影响。经济周期的内部冲击主要有以下三个方面。

1. 预期冲击

这种预期的变化对市场经济的参与者都有影响,它被认为是经济波动最重要的影响因素之一。为了最大限度地模拟现实经济,庄子罐等(2012)将预期冲击代入 DSGE 模型(动态随机股均初模型)中,他们通过数学方法分解经济变量,发现国民的就业变动、居民的消费变动以及投资者的投资变动等在一定程度上是由预期冲击导致的,但是模型中的政府支出因素对经济的波动没有显著影响,这可能与庄子罐等人在模型中将政府支付等同于消费性支出有直接关系。总体来说,庄子罐的研究在一定程度上说明了预期冲击对经济周期波动的影响。

2. 供给冲击

学术界一般将供给冲击作为宏观经济波动的主要来源,通常称之为生产率和生产要素变化、经济结构变革等,直接对总供给、进而对宏观经济波动产生影响。虽然这种对供给冲击的划分并未得到所有学者的认同,但也在一定程度上揭示了经济增长的促进因素。许志伟、薛鹤翔和车大为(2012)对促进经济增长的因素进行方差分解,得到的结论是影响经济周期波动的因子中存货成本冲击、供给冲击的重要性并不是很明显，特别是针对长期产出波动，存货成本冲击、供给冲击的影响力度很小。在借鉴 Eichenbaum(1989)的单存货模型基础上，许志伟等建立了一个理性预期局部均衡模型，并包含了原材料存货和最终产品存货这两个因素，原材料存货减少了原材料短缺的风险，它的主要贡献就是基于预防性动机；而产成品存货是为了平滑生产。研究结果表明，存货投资对中国的经济波动具有一定的影响力，且为放大效应，在需求冲击下，最终产品投资与原材料存货表现的周期性是截然相反的，前者呈现逆周期性，后者呈现顺周期性。

3. 人口老龄化冲击

鲜有学者从人口角度探讨人口老龄化与经济增长之间的关系。刘穷志和何奇(2013)将经济增长与人口老龄化结合，建立不同时期年龄阶段的迭代模型，还将政府颁布的财政政策、技术因素作为内生变量引入模型，探讨这些变量之间的关系。研究结果表明，长时期的中国人口老龄化不利于中国经济的增长，但从短期来看，人口老龄化对中国经济的发展起到了一定的促进作用。因而，我们不能否认人口老龄化对中国经济的积极影响。造成这种不同影响的原因就在于，如果经济体系逐渐步入人口老龄化的阶段，国家就会开始采取措施，一方面保证优质的人力资本结构，另一方面加大财政支出，为进入老龄化阶段的人群提供良好的健康保障，并以此来刺激经济的持续增长。但长久以来，人口老龄化问题愈发严重，政府对财政支出和公共教育的投入会受到健康保障支出的影响，反而无法提高人力资本，进而阻碍了中国经济的发展。

（二）外在冲击

经济周期波动是内外部冲击合力造成的结果，而经济体系外在部门的冲击是导致经济周期不断发生变化的导火索，且外在冲击既可以是周期性的也可以是随机性的。随着我国经济与国际经济关系的加强，外部冲击通过经济体系的传导通道对整个经济产生影响。经济周期的外在冲击主要有以下两个方面。

1. 金融部门冲击

金融部门的波动无疑会影响资本市场经济的波动。很多学者从金融部门的信贷角度出发，探讨信贷的周期变化对经济周期的影响。李连发和辛晓岱(2012)以银行对贷款损失预估偏低的假设为前提，构建 Svensson 扩展模型，在模型中加入经济周期与银行信贷扩张这两个因素，分析了银行信贷扩张以及宏观经济随之变化的影响因素。研究发现，产出缺口因信贷扩张形成的压力期约为 1 年，通货膨胀上升的经历期大概为一年半，持续的时间相对来说更久。因此，信贷的变化是经济周期波动的重要外界驱动因素，信贷的周期性变化与宏观的经济状态息息相关。还有学者从消费者与信贷结合的角度出发，建立 RBC 模型[①]，研究发现了在中国特定的金融环境下，市场参与者处于体系落后且信息不对称的环境中，信贷的约束使得我国消费者并不能有效地平滑各期的消费，反而加剧了消费的波动。当整个大的融资环境逐渐形成预算软约束时，对企业而言，特别是国有企业的投资冲动就会比较明显，在投资冲动的驱动下也容易在经济发展很好的时候头脑发热。此外，中小型企业本来就有融资困难的问题，在经济衰退时更可能破产倒闭(陈晓光、张宇麟，2010)。但是，陈晓光和张宇麟建立的经济模型与现实经济还是有很大的不同，这个经济模型只能解释大约 1/3 的实际资本波动，且我国居民消费者面临的信贷约束所产生的波动很有限，毕竟我国消费者的信贷规模还很小。

2. 财政政策冲击

财政政策作为中央政府调节经济的重要手段之一，自 1992 年以来就给中央财政带来收入的增加，这是因为我国采取了以增值税为主的比例税收制度。中央调整政府财政支出的规模是我国财政政策调整经济的主要方式，也给我国宏观经济带来了深远影响。胡永刚、郭长林和李艳鹤(2013)认为，通过财政政策影响一国经济的方式有两种：一是自动稳定器，二是相机抉择。由于我国的财政政策是相机抉择性，他们在研究中引入政府主动对经济进行调节这一因素，并通过 DSGE 模型为研究工具，探讨国家居民消费究竟是如何受到财政支出影响的。他们的研究发现，政府的财政政策一旦发生变化，居民消费、国家经济等都会随之发生变化。当财政支出增加带动税收增加时，居民的收入自然而然就会降低，相应的，居民就会降低自己的消费水平；当市场整体低迷，产出无法得到保障时，居民反而会提高自己的消费水平，这是因为他们预期国家会采取相应的政策来刺激经济，如扩大财政支出。一旦经济发生变化，而财政支出并没有随之改变的时候，就会发生居民消费被财政政策挤出现象。

二、经济周期对公司经营环境的影响分析

对于微观层面的企业而言，宏观经济是赖以生存和发展的空间。中观环境与宏观经济环境是企业所处经济环境的两个层面，其中，中观环境又被称为行业环境，宏观经济环境就是我们所说的整个大的经济体，而中观环境的总和就构成了宏观环境。中观环境与宏观大环境的经济走势很少出现偏离的现象，尽管负

① RBC(真实经济周期模型)是运用动态一般均衡方法，通过分析代表性微观主体的效用和生产等行为函数而建立的一种具有微观基础的宏观经济周期模型。

相关的现象也偶尔出现，但两者的走势还是几乎呈现一致的状态。而这种负相关的现象很可能是中观环境中的上下游行业出现完全不一样的走势所造成的，如石油业和石化业。下游行业成本的降低，很可能是上游行业价格的下降；下游行业呈现良好的走势，那么上游行业很可能就是恶化的状态。

（一）宏观层面

宏观经济周期，也称之为经济增长率的波动周期。经济增长周期是指，在一定时间段内经济增长率走势非常好，而在另一个时间段内，经济增长率走势非常差，且这两种状态在时间轴上呈现一种交替出现的表现形式。产业波动只是经济周期波动的一种间接表现形式。经济周期对行业波动影响具有普遍性，但是不同行业对经济周期的影响力度是不一样的，有的行业本身消费价格低，购买者的偏好容易发生变化，且容易受到季节的影响，这样的行业经济无法保持稳定的状态，行业的波动自然会对整个经济体系产生影响。Murray Rothbard（1963）认为，资本商品行业在经济下行时受到的影响十分严峻，而在经济态势较好时发展也很迅速。国内也有学者对经济波动与产业波动之间的关联性进行研究，如孙广生（2006）认为，短期内行业间波动本就存在差异性，与当期的经济形势并不能体现很好的关联性，但是从长期来看，行业波动则会体现与宏观经济形势很密切的联系。

（二）中观层面

因宏观经济形势的影响，行业景气度与宏观经济的关系大致可以分为以下四种情形：一是当宏观经济走势较好时，市场呈现欣欣向荣的状态，各行业也会呈现较好的经济走势，此时，投资者预期未来现金流量会有较好的形势，微观层面的企业价值也会在一定程度上得以提升；二是当宏观经济整体形势低迷时，行业通过自身的技术创新等可以扭转宏观的经济走势，取得不错的发展前景。因此，属于这个行业的企业会在其他企业都无法获得很好发展的时候有较大的发展机遇，企业价值也会随之大大增加；三是当整个宏观经济发展大好，但行业却处于低迷状态时，因为投资者预期企业未来现金流量不会增加，企业的发展机会减少，该行业的企业价值会下降；四是当整个宏观经济不是繁荣时期，行业也得不到好的发展时，尽管企业价值不会增加，但比第三种情况还是要好很多。

经济周期是市场经济的固有特征。熊彼特（1912）认为，经济结构发生突破性的变化，不断摒弃旧结构，生成适应时代的新结构，是推动产业发展的中坚力量，这个过程被认为是资本主义的自然发展过程。而市场经济本来是资本主义的核心，因此，可以说明这一资本主义基本事实：经济周期波动，是由内生因素，即产业突变推动的。当然,不仅经济周期波动会受到中观行业波动的影响,而且,经济周期波动也会对中观的行业波动产生不可忽略的影响。当经济周期的波动通过传导机制反映到产业中观层面时,就形成了产业周期。其中,经济周期波动与产业波动的传导机制主要体现在以下四个方面。

1. 收入-消费机制

Keynes(凯恩斯)消费理论显示消费和收入密不可分,不同消费者群体的产生不仅仅是所在地区的收入结构变动导致的,还跟不同时期消费者对微观层面的企业的需求不同有关。消费者结构一旦发生变化,企业的生产、投资部门会根据消费者结构相应地做出调整,最终产业结构也会随之改变,这就是产业波动形成的过程。

2. 利率-投资机制

投资周期与产业周期波动也有紧密的关联,利率的变动使各部门的投资结构产生变化。不管是经济处于萧条时期还是繁盛时期,投资周期都会受到经济周期变化的影响,尤其是固定资产投资周期。投资资金的主要来源是银行给予的信贷支持,而银行提供的利率可以大大影响投资者的投资规模与投资结构。投资成本对应相应的资金来源结构,投资成本随利率变化而产生变化,最终导致宏观三次产业和细分行业的投资结构变动。一般而言,经济处于萧条时期,银行能够提供的资金支持也是有限的,货币的需求也不是很多,此时利率相对疲软,而低利率对于资本有机构成高的部门来说是个机会投资,他们会以此提高产值,对经济的复苏发挥积极作用;当经济处于繁盛时期,利率相对较高,很多资本有机构成高的部门不愿意接受这样的投资成本,从而改变轻重工业结构比重,导致整个产业结构发生颠覆性的改变,呈现产业的周期性波动。

3. 技术-结构导向机制

技术创新的聚集,一方面有助于经济扩张向上发展,另一方面对经济周期有解释作用(熊彼特,1912)。不管是对于微观层面的企业而言,还是整个市场经济而言,技术是创新的内在推动力量。技术既可以带来产业的关联变动,又可以决定产业结构,甚至技术的进步决定着产业的兴衰。可见,我国经济周期波动与技术变化密不可分,产业结构的主导产业变迁也离不开技术的创新。

4. 国际贸易-国际金融机制

在全球资本市场经济背景下,逐渐形成"产业间分工→产业、分工→产品内分工或价值链分工"这种新的国际分工体系。在基本桥梁、枢纽国际贸易和国际金融的相互带动下,各国都无法脱离全球经济体系,积极参与全球的国际分工,或者是商品的供给者,或者是商品的需求者。

由此可以看出:经济周期波动与产业结构变动相互作用,互动发展。宏观经济周期波动会通过各种渠道传递到产业层面,最终形成产业波动,使产业结构发生变化。

随着我国资本市场的成熟与完善,市场化程度的不断加大,股票市场可以在一定程度上反应宏观经济状态,因此,政府和投资者将股票市场作为宏观经济参考的指标,即起到宏观经济"晴雨表"的作用。短期内,在行业结构与国家的产业结构保持一致的前提条件下,上市公司的股价波动与国民生产总值波动趋势是同方向变化。GDP 增长率能动态反映环境的变化,表现为经济上行期的高增长率和经济下行期的低增长率。此时,股票市场提前对 GDP 变动的反映功能就成为了从宏观上把握 GDP 变动情况的重要工具。除此之外,股票市场的走势还会因经济政策以及不同金融市场的相互影响而产生变动,如货币供应量等。

(三)微观层面

微观层面的企业,所处的经济环境可以直接影响企业,而经济周期的波动直接改变了公司经营环境,经济效益可能会变得更好,也可能变得更坏。经济周期变化始终都有潜在的风险存在,有的风险不易分析与察觉,对上市公司发展的冲击力很大,甚至导致企业无法正常运营,直接破产倒闭。

1. 企业的经营风险

企业的发展不可避免地遇上各种风险,因为这些风险是公司财务管理过程中客观存在的,企业能做的就是积极规避与防范。但企业面临的财务风险处于各个环节和细节之中,内部环境与外部环境都是导致风险产生的原因,因此,从根本上消除风险是不可能的。风险本身就具有不确定性,想要准确定位风险发生的环节不太可能,更无法准确计算出风险可能造成的损失。

2. 企业的价值创造

宏观经济周期是系统性因素,企业的大部分经营受到这种系统性因素影响还是很大的,而经营环境既可以决定公司的发展战略,也可以在一定程度上影响企业的价值创造模式。一个公司能否得到很好的发展,就是要看产业价值吸收并转化为公司价值的程度,而公司的内部团队文化和能力会基于外部经营环境,做出适合企业发展的行业价值创造模式。整体上来说,经济形势与企业的成长性以及盈利状况是正相关关系,即经济形势好的时候,企业的成长性、发展水平和盈利机会都会大幅增加。不管是西方发达的资本市场,还是中国不完善的资本市场,上市公司的信息透明程度都较高,对上市公司的监管也比较严格,因此,经济周期的波动必然会影响企业的经营绩效(Klein et al,2006)。

根据以上分析，可以知道企业价值创造模式很大程度上是由经济周期决定的，这也决定了企业的发展是否有核心竞争力。企业的核心竞争优势一般由核心技术体现，然后通过企业的发展战略，在生产、销售以及组织管理等各部门的协同配合下形成。长期处于发展优势地位的企业通常将战略部署分为"硬核心"与"软核心"，从这两个方面实现企业价值最大化。经济周期作为系统性因素，必然会影响企业未来净现金流量、加权平均资本成本和持续经营期等指标，企业一旦无法盈利，甚至长时间亏损，就会失去企业生存最基本的条件。

3. 企业的经营模式

经济周期的变化影响公司的经营环境，经济发展较好的时候，各行业公司会根据当下的经济形势制定符合公司发展的经营模式。当经济发展形势较好或者处于复苏期时，社会的总需求较大，总供给也会随之增加，促进了各行业上市公司经济的可持续发展；当经济发展形势较差或者处于衰退期时，社会的总需求下降，总供给也随之下降，各行业上市公司的营销业绩遭受重创。

经济上行阶段，企业拥有优异的经营绩效，股票市场走势良好，促使股票价格不断攀升，进而降低融资成本，减少权益融资对股票价格的影响。为稳定这一良好状况，防止经济过热和通货膨胀的发生，政府往往通过中央银行提高再贴现率的方式提高市场利率，并公开市场业务操作，促使货币供应量降低。由于整个国家经济仍然处于旺盛发展的上行期，股票估值虽受影响，但良好的根基并未受到触动，且企业的经营状况也不会因此恶化，投资者对股票市场仍然抱有乐观预期，资本运营情况依然会保持良好的态势，同时也会刺激商业银行大力放贷，进一步活跃资本市场。

反之，在经济下行阶段，企业运营困难，股票价格下降，股票市场处于低迷状态，在这个时期进行的权益融资难以得到投资者的青睐，反而容易使企业现金周转出现问题，进一步陷入困境，股票价格一跌再跌，造成不可估量的损失。因此，在这种情况下，权益融资有着巨大的困难，甚至可能无法开展。政府作为经济政策的制定者和监督者，为防止这种不良的经济状况持续，刺激经济复苏回温，会选择通过宽松的经济政策，如膨胀型货币政策、扩张性财政政策等方式，降低市场利率，往整个经济体之中注入更多的货币，增加货币的供应量。随着市场利率下降和货币总量的提升，股票市场能够得到略微的改善，但并未得到根本性的改变。由于企业依然处于艰难的经营状况之中，投资者并不对投资和股票市场抱有过高的预期，诸多的不确定性因素与风险使得投资者行为趋于保守，企业经营状况并不能好转。企业的经营困境将进一步影响商业银行，商业银行不得不面临出现越来越多烂账、呆账的风险。为了降低这一风险，银行的放贷行为也会变得更加谨慎，放贷数量随之降低，企业的融资需求远远无法得到满足，风险项目成为了本阶段的热点业务，实体经济的收益则会随之降低。而在政府的宏观调控之下，企业的经营状况可能会出现好转，这种现象促使投资者有更高的自信对公司进行投资，而投资行为会进一步提高股票价格。此时，企业的偿债能力得到了保证，并由此拥有更多的机会令商业银行满足融资需求，重新连接资金链，弥补经营困境中所受到的损失。

由此看来，在不同经济周期阶段下，政府的宏观调控方式以及经济政策的组合和选择都会有所不同。在经济上行期，资本市场活跃，股票市场走势良好，即使政府采取紧缩性的经济政策，也不会对股票市场带来较大的压力，但债务市场不得不面对较高的融资成本；而在经济下行期，债务市场和股票市场低迷，即使采取扩张性财政政策和膨胀性货币政策，整个经济环境也不会在短期内得到明显改观，债务市场的低利率并不能改变股票市场和债务市场的资金匮乏现状。

第二节　经济周期冲击与盈余管理问题

一、经济周期对公司盈余的影响

（一）经济周期与公司经营业绩

实体经济的经营业绩必然与宏观经济紧密相连，公司作为实体经济的载体也不例外。企业的生产、销售、发展都与所生存的经营环境息息相关，而宏观经济因素则会对经济环境带来直接影响，进而改变微观主体企业的命运。

1. 经济上行期与公司业绩

在经济上行期，由于产品供不应求，消费者对于产品的需求旺盛，企业拥有良好的经营环境与盈利条件，产品的定价较高，利润总额上升，并转换成充足的现金流量。同时这种乐观的经营状况也会促使企业加大生产，从而产生对生产设备的需求，固定资产的投资也会随之增加。然而在该阶段，国家经济面临通货膨胀的风险，为了避免这一风险，政府往往采取紧缩性的经济政策，使再贴现率上升。但由于企业正处于良好的经营状态中，这一变动并不会对企业带来较大的影响，企业将依旧保持较高的盈利水平。

2. 经济下行期与公司业绩

在经济下行期，情况与经济上行期时状况相反。由于市场上供过于求，导致企业的经营状况不景气，恶劣的经营环境直接影响企业的生存条件，产品的滞销使产品的价格一再降低，许多企业不得不面临亏损的风险，现金流量已无法满足企业经营需要。企业为了压缩开支，获得现金，甚至可能变卖固定资产，从而陷入恶性循环。在该阶段下，产品的售价已经不能弥补企业可变成本的投入付出，现金流入远低于现金流出，企业投资收益较低，营运则以减少损失为目的。由于经济不景气，市场信心严重不足，上市公司业绩增速压力大。

（二）经济周期与利润周期及利润增长率

20 世纪 60 年代，Brown 和 Ball 开始研究经济周期与企业个体盈利水平之间的关联性。他们的研究基于美国 1947－1965 年的数据，发现整个宏观经济与微观层面的企业、中观层面的行业的经济紧密相关，且都为正向关系。整体说来，企业利润水平大约 1/3 的变化是由整个经济运行的状况引起的，企业利润水平约为 1/10 的变化是由行业因素引起的。通过影响宏观经济波动的因素、行业因素分别与企业营运的效益影响程度进行对比，Magee(1974)发现，影响宏观经济波动的因素与行业因素对公司盈利能力的影响力是差不多的。更有学者发现，包括盈余在内的财务指标与经济周期对宏观经济感知度相关(Jin，2005)。对于经济感知比较好的企业来说，会计盈余对于经济变化的反应会更为迅速。

1. 宏观角度

从宏观角度来看，上市公司的利润水平和每股收益均与经济增长直接相关，经济上升阶段，上市公司拥有较高的利润水平和每股收益，而在经济下行阶段则正好相反。由此可见，不同经济周期阶段下，上市公司的利润水平是动态变化的。因而，若单从短期角度来看，上市公司的利润水平和每股收益在不同经济周期阶段之中的表现会有较大的区别。但对于发展前景最好、竞争最强的行业中的上市公司而言，不管处于经济周期的哪个阶段，它的利润必然下降，相反公司的每股收益会显著增长，股价也会相对取得较好的表现。但是，经济周期处于不同阶段时，周期性行业的股价变化最为明显，如钢铁行业和石化行业。

2. 中观角度

从中观角度来看，我国的经济政策较为宽松，有利于整个行业经济的发展以及微观企业经营水平的提升，并可能通过对宏观经济周期的控制进一步影响公司的表现。公司每股收益率的提高，需要一个市场利率较低的宏观环境，如较低的融资成本、较低的风险以及有利的投资偏好等。利润的增长与上市公司的每股收益率的提升有着显著的正相关关系，并在股价上得到直接的体现。随着每股收益率的提升，权益投资的收益也有着明显的提升。在市场的作用下，公司的未来每股收益增长率越高，往往就拥有着越高的市盈率。

3. 微观角度

从微观的企业成本角度来看:第一,人力资源已经成为企业不可忽略的一项重要成本要素,且在通货膨胀的情况下,人力资本支出会受到显著的影响,由单位产出来衡量,CPI(居民消费价格指数)会对单位的劳动力成本造成较大的影响。第二,税率在资本开支的条件下的抵税效应并非是一成不变的,不同的经济周期阶段,实际税率并不相同。例如,虽然从表面来看,无论经济周期的哪个阶段,上市公司的税率都较为稳定,但在经济周期的上行期,所得税成为上市公司的重大成本,而实际税率处于波谷。第三,企业财务费用的重要组成部分——净利息支出容易受到通货膨胀的影响。不同经济周期阶段下,上市公司的利润率、单位产出成本不尽相同,这些都体现了经济周期带来的企业指标,尤其是利润增长率的波动。

(三)经济周期与公司估值

国外众多学者对周期性公司的估值方法与途径给予了充分的关注,有很多相关的研究。但国内关于宏观经济如何影响公司估值的文献较少,零零散散的研究主要是针对一些特殊的产业,探讨比较典型的周期性行业与公司估值问题。

1. 经济周期与周期性公司估值

Marcode Heer 等(2000)运用 DCF 模型①,分别对周期性公司和非周期性公司在经济上行期和下行期的股票市值进行研究,观察这两类公司在不同的经济时期预估市值的差异。国内学者则分别从采矿业(郜志宇,2011)、贵金属行业(谭峻、赵亮和王智鹏,2011)出发,研究该类企业在经济非常不稳定的情况下,企业在价值评估中如何选择不确定性参数,提出以跨周期平均价格作为标准,在估值过程中区分真实价格、名义价格,考虑宏观经济的通货膨胀和汇率变化对该行业的影响,以及不同折现率在不同经济阶段的采用。

2. 经济周期与非周期性公司估值

与周期性公司估值相比,非周期性公司估值受宏观经济波动的影响较小,且研究这方面的文献较少。刘忠海和葛新元(2005)从折现率的角度研究发现,公司估值很容易受到周期性和经营杠杆的影响,特别是周期性公司估值中折现率体现的更为明显,但非周期性公司受到周期性和经营杠杆的影响相对来说小很多。不同经济周期阶段下,投资者对同一资产的价值判断、预估肯定是不一样的。目前,国际经济形势并不稳定,经济增长中无法预判的因素有很多,资本市

---

① DCF(现金流折现估值模型),是通过预测未来的现金流量来进行估值。

场也因为宏观经济大环境无法持续稳定而动荡起伏。

由上述分析可知,周期性公司估值需要考虑的最重要的因素是宏观经济因素。一切与企业指标有关的因素都脱离不了大的经济背景,包括资产估值与定价。然而国内外对于这两者的研究少之又少,取得的成果也都没有形成体系,且多围绕宏观经济因素与公司股价或业绩等指标的关系进行研究。但是,这些研究成果还是为我们提供了借鉴的依据,且宏观经济因素对周期性公司估值的定量影响还需要进一步深入研究。

(四)经济周期与公司管理层

国内的相关研究是围绕公司管理者迎合市场投资者情绪进行盈余管理的行为来展开的,而关于宏观经济环境下,管理层的盈余管理行为则鲜有研究。作为微观层面的企业,业绩与宏观经济环境紧密相关,而企业经营业绩与管理层的薪酬密切相关。企业管理层与市场的投资者一样,存在心理偏差,尽管有专业的知识背景,但在不同经济周期阶段下,管理层对外界环境有不同的心理反应,在不同动机的驱动下,管理者就会做出不同程度的盈余管理行为。

1. 经济上行期与公司管理层的心理行为

当经济周期处于上行期时,经济发展较好,市场的发展被高度预期,为了迎合市场的投资者非理性的心理和行为,公司管理层对企业未来的发展也十分自信。此时,流入企业的现金流大幅增加,在薪酬激励动机的驱动下,管理层的非理性心理会让他们偏向高风险、高收益的项目,追求更多的现金流量,并通过外部投资者高估股价来进行股权融资,以此获得投资项目的资金。此外,公司管理者还可能利用筹集的资金来发展企业,以此获得更好的收益与更好的经营业绩,使他们获得的薪酬得到提高。正是为了在经济上行期抓住发展机遇,提高企业业绩,管理者在薪酬激励与企业业绩的"双驱"下,产生了盈余管理动机。

2. 经济下行期与公司管理层的心理行为

当经济周期处于下行期时,经济发展较差,投资者预期投资回报较差,纷纷撤出投资资金,股市低迷,为了迎合对市场非理性的心理,公司管理者也会对市场产生非理性的心理认知。他们认为,经济发展形势严峻,企业的发展受到威胁与挑战。为避免企业陷入财务危机,经营业绩受创,管理者在薪酬激励与债务契约动机"双驱"下,产生了盈余管理动机。当企业已经严重亏损时,管理者面对债务违约成本、生存需求的盈余管理动机会更加强烈。

二、基于经济周期阐释盈余管理动机

企业的成长性、盈利能力、经营业绩、公司价值以及企业外部环境改变的直接影响因素是经济周期和宏观政策，并且经济周期阶段与公司的成长性、盈利能力是呈现正向关系的。

（一）基于生产经营动机解释盈余管理问题

宏观经济因素将对微观企业的经营环境，尤其是产品市场（即生产活动）产生影响。企业商品的价格随着经济周期阶段的变动也会随之改变。在经济上行期，消费者有着强烈的消费欲望和旺盛的消费需求，产品价格高于生产成本，从而形成较大的利润空间，为企业带来充足的现金流量；而在经济下行期，需求量下降带来供过于求的现状严重影响了企业的经营环境，产品滞销，企业不得不一再降低产品价格，利润空间一再被压缩，最后消失乃至亏损，现金流不断被蚕食，企业周转最终不得不面临停滞。

对于固定资产投资的状况，不同的经济周期阶段也有着不同的表现。在经济上行期，企业为了生产更多的具有盈利可能的产品，往往愿意让生产设备满负荷运转以增加产量，通过对固定资产的投资作为提升产量的有效手段，这是企业常采用的决策之一；但若经济运行状况并不理想，对固定资产进行投资只会带来更大的资金浪费和更为夸张的产品滞销问题。此时，企业会压缩生产，甚至可能变卖掉尚未完工的固定资产以换取现金流的完整，企业的经营状况不断恶化，损失一再扩大，难以弥补。企业只能通过低价出售产品，甚至低于生产成本的价格，以此维持企业的生存。因此，在不同经济周期阶段下，企业经营压力存在差异，进而对企业盈余动机的影响程度不同。

（二）基于融资动机解释盈余管理问题

1. 融资方式

融资动机主要是从融资行为和融资效率两个角度来解释盈余管理。根据经济学理论，企业的外部融资行为受到宏观经济环境的制约，企业所处的经济周期阶段的不同，会对上市公司信贷违约风险及融资行为带来重大影响。在经济周期环境较好时，股票市场和银行借贷市场摩擦减少，上市公司能轻松地进行股权融资或负债融资，因此当经济周期处于上行期时，上市公司盈余管理的资本市场动机较小。当经济周期处于下行期时，股票市场和债务市场之间的矛盾冲突更为明显，银行面临较差的经济环境，通常会选择收缩信贷规模、提高资金成本。

银行的成本收益观念和风险防范意识的增强让上市公司在经济环境较差的阶段难以获得银行信贷的支持。为了使自己的财务报告更具潜力，更能体现公司价值，公司往往需要在数据上与其他公司进行对比并形成优势，然而结果往往是大同小异，并且无法取得显著成效。同时，融资需求要求企业进入资本市场，这种矛盾的境地促使上市公司不得不重视盈余管理。

2. 融资效率

从融资效率角度看，经济上行期时，资本市场的环境宽松，使上市公司拥有更大的披露动机，上市公司试图公布更多的信息来吸引外部投资者。这从一定程度上缓解了投资者因信息不对称而产生的逆向选择。信息的公开与披露能缓解公司与控股股东、机构投资者等其他利益相关方的信息不对称的程度。因此，在经济上行期，市场竞争促使了信息由不对称性向对称性发展，信息透明化程度更高，这些都在一定程度上抑制了盈余管理的动机和行为。信息对称化程度越高，市场上投资者对于风险溢价期望越低，企业融资所需的必要成本就会越低，融资效率也大大提升。而在经济下行期，资产流动性差，市场投资者要求较高的收益来进行补偿，企业的筹资成本的增加、筹资效率降低都使盈余管理动机越大。当股票流动性较差时，市场投资者必然会要求更高的收益来对这种较差的流动性进行补偿，权益投资者和债权人的预期收益率的期望越大，投资者要求的补偿越高，企业的筹资成本就会越大，融资效率就越低。此时，管理层很可能迫于来自控股股东对于提升融资效率的压力，萌发更强的盈余管理动机，用盈余管理方式来解决融资效率低下的问题。

（三）基于投资动机解释盈余管理问题

1. 投资方式

根据相关学者的研究，为了维持供应网络利益关系，市场交易主体会通过具有专用性的投资方式，来稳定长期的交易伙伴关系。关系专用性投资对企业具有重要影响，有助于缩减交易成本、完成价值增值。同时，关系维系时间的长短与预期的溢价成正比。企业与上游供应商、下游客户之间的隐性契约关系，会促使企业以向上盈余管理的方式来诱使上下游的伙伴加大对关系信任体系的投资。

在经济下行期，一方面，由于市场化速度减缓，生产要素供给减少，交易主体的竞争激烈程度减少，企业为获取资本、劳动力、交易伙伴等生产要素要付出更多的努力。因此，企业经营管理层对市场的依赖程度逐渐增加。此外，他们付出的更多努力，都导致了更高的交易成本，管理层在这样的压力下，更倾向于采取盈余管理的方式来满足这些价值链上下游企业的预期，以此来改善合作交易关系,降低交易成本。另一方面,地域保护的限制增加了盈余管理手段的动机。地域保护限制了产品和要素在不同地区之间的自由流动,造成价值链上的参与者会优先考虑相对封闭的、狭小地域内的关系网络下的产品,以降低交易成本。因此,市场化进程的速度与企业的关系专用性投资比例呈反比。企业对关系专用性投资的依赖可能会降低企业管理层的盈余管理程度。因而,作为会计信息的生产者,企业有平滑盈余的动机,给投资者提供有利于吸引投资者的信息;而作为信息的使用者,一旦供应商识别出企业的盈余管理行为,便会影响交易关系的初期缔约和后续维护。

2. 投资效率

从投资效率看,现实中的资本市场并没有假设中那么完美,始终存在着信息不对称和代理冲突的现象,使股东与投资者、管理层等市场经济参与者始终存在冲突。例如,现有股东与未来投资者之间的冲突会导致逆向选择,进而导致公司投资不足;股东与管理层之间的冲突使管理层运用自由现金流,进行大量的非效率投资,导致公司投资过度,而投资效率的高低又会影响企业的盈余管理程度。

在经济上行期,宽松的经济政策、合理适度的竞争环境等都有利于降低股东与投资者之间的信息不对称现象,减少未来投资者的逆向选择,使投资者对企业的经营现状和未来的成长能力更加清晰化,由此降低了信息成本,也降低了企业的融资成本。而融资成本的降低可以扩大企业的筹集资金规模,从而缓解了公司的投资不足。上行期良好的经济发展趋势使管理层的经营压力较小。因此,盈余管理的动机较小。反之,下行期萧条的市场环境,悲观的投资者情绪,进一步恶化了投资环境,因此企业的股权融资成本提高,企业管理层试图通过盈余管理获得更多融资,提升资金规模,如果管理层无法获取期待的融资规模,那他们自身的投资动机将会消失,企业的某些投资项目将因资本成本的提高或无法获得融资而变得不可行,原本投资不足的公司就会因此陷入投资不足、水平恶化的阶段。在这样的背景下,减少企业管理层为自身利益最大化而做出损害公司股东利益的非效率行为,加大了企业盈余管理程度。

(四)基于治理结构解释盈余管理问题

经营环境波动性较强的企业同市场经济的联系更为紧密,公司治理与需求动机的波动性也更强。公司通过增强组织驱动力使实际业绩水平达到期望,这样的企业在经济繁荣期更容易对融资(增发和配股)、保增长和保牌等需求做出相应的调整,这就是过激盈余管理活动。而公司治理机制的完善程度,特别是股权结构与资本结构合理程度为盈余管理的"调整"活动提供"实施机会",股权结构与资本结构越合理,"实施机会"越小。经营环境波动性较弱的企业同市场经济的联系不甚紧密,公司治理与需求动机的波动性较弱。这些企业的市场竞争性受到限制(与这些企业所处领域的政府行政管理、法制建设以及政策导向的公开性、公平性和有效性直接相关),对保牌、融资(增发和配股)和保增长等经营需求的变化虽然不大,但整体上企业的经营需求还是随着整体经济状况的变动而变动。而此类企业大多是处于垄断的、竞争性较小的行业,政府对它的扶植力度较大,但往往由于企业体制问题的存在,内部治理机制存在较大漏洞,为"调整"活动提供较大的"实施机会"。

第三节 经济周期对盈余管理影响的实证研究

一、理论分析与研究假设

(一)经济周期对盈余管理影响的理论分析及研究假设

在经济上行期和下行期,企业所处的外部宏观经济环境发生了重大变化,企业是否会因此而进行不同程度的盈余管理来适应这一变化? Agarwal 等(2007)认为,处于不同经济周期的上市公司盈余管理频率与幅度存在明显差异。陈武朝(2013)通过实证得出,盈余管理与宏观经济情况相关,且当宏观经济收缩时,企业的盈余管理程度比扩张期更大。

经济周期处于上行期,企业拥有优异的经营绩效,股票市场走势良好,促使股票价格不断攀升,进而降低融资成本,减少权益融资对股票价格的影响,且资本市场相对活跃,投资者对股票市场抱有乐观预期,公司的资本运营情况保持良好的发展态势和较强的流动性。而在经济下行期,宏观经济低迷,企业业绩普遍呈现下滑趋势,此时为了满足 IPO、股权融资,债务融资的财务要求,相比于经济上行期,企业进行向上盈余管理的程度更大,有时甚至会达到相关监管机构规定的临界值。

在经济下行期,公司有机会进行更大程度的向下盈余管理,存在几个方面原因:第一,在经济下行期,由宏观经济形势带来的企业业绩下滑可以在一定程度上掩饰企业进行盈余管理的真正动机;第二,现有市场对企业业绩亏损的敏感度小于对盈利的敏感度。换言之,在经济下行期,企业由本期亏损转为下期盈利的过程中,公司股票价格在盈利期的上升幅度远大于亏损期的下降幅度;第三,当企业的盈余管理程度较大时,未来期间释放的企业利润会相应地变多;第四,国家相关监管部门对以会计稳健性为基础的盈余管理行为关注较少,也给企业在这方面提供了另一个隐瞒动机。

因此，不管是向上增加利润的盈余管理还是向下降低利润的盈余管理，相比于经济上行期，企业在经济下行期面临更多的经济压力，进行盈余管理的动机更强。基于上述分析提出以下假设。

假设 H0a：盈余管理程度与不同经济周期阶段相关，经济下行期时企业进行盈余管理的程度要大于经济上行期。

（二）盈余管理与周期性行业关联的理论分析与研究假设

与经济周期波动性相关程度较高的行业通常称之为周期性行业，其中较为典型的是有色金融、原材料、船舶等行业；而非周期性行业通常是指那些与生活必需品相关性较强的行业，如酒类、食品、交通、医药等行业。

从需求弹性程度看，相较于非周期性行业，周期性行业自身经营业绩和企业利润的波动程度，对经济周期的依赖程度和关联程度更大。刘智超(2012)认为，对于纺织、化工、电力等周期性行业而言，由于产品需求伴随经济周期的发展和衰退，甚至在一个年度中也会产生需求的旺季和淡季，因此相关企业业绩也会伴随需求的变化而变化，股价的波动和震荡也会相对剧烈。相反，对非周期性行业的产品如食品、医药的刚性需求受经济周期变动的影响更小，非周期性行业的经济业绩和企业利润受经济周期的变动的影响程度较小(谢获宝、李祎，2015)。

从业绩稳定程度看，业绩频繁波动的公司比稳定增长的公司存在更高的盈余管理动机。Barth(1991)研究发现，以市盈率衡量的估值水平测算不同期间的利润水平，为公司在不同期间平滑收益提供了动机。由于周期性亏损企业(如钢铁、汽车、造船等)大多属于资本密集型行业，对于这类企业，在经济萧条时期，巨额的不变成本会使企业的单位产品成本上升，与此同时需求的下降也使单位产品的销售收入下降，最终导致企业此时的收益或现金流量常常为负(鹿海峰，2014)。

鉴于周期性行业的特殊性，在经济环境发生变化时，企业很难及时调整公司战略或采取措施来应对危机，因此周期性行业的企业具有更强的盈余管理动机，不论在经济下行期或上行期，盈余管理程度均比非周期性行业的企业更大。基于上述分析提出以下假设。

假设 H0b：周期性行业公司盈余管理幅度大于非周期性行业。

二、研究设计

（一）样本选择与数据来源

基于数据的可获得性，特别是关于上市公司内部控制相关因素数据的可获得性和完整性，以及相较于沪市市场，深市市场发育程度更高，结构更好（张继光等，1993），本章采用深圳证券交易所（简称深交所）2003—2013 年间所有 A 股上市公司为数据样本，同时为了获取滞后变量，实际采用 2002—2013 年的样本数据。样本筛选遵循以下标准：

（1）剔除特殊性的行业，如金融、保险等；

（2）剔除 ST[①]、* ST[②] 公司，保证最终结果的科学性；

（3）剔除数据指标缺失及数据异常的公司；

（4）对样本数据中的极端值进行 Winsorize 处理。

通过上述步骤，最终得到 4839 个观测值。研究中经营活动净现金流量、总资产、应收账款、预付账款、其他应收款、营业利润、净利润、公允价值变动损益、投资收益、盈利能力、成长性、控股股东性质、公司组织结构等数据来自国泰安数据库（CSMAR），其他宏观经济指标来自《中国统计年鉴 2013》以及国家统计局公布的相关数据，对于少部分缺失数据则通过查阅相关样本公司年报等方式获取。

（二）变量定义

1. 经济周期的度量

本章对经济周期的度量主要采用 1946 年美国经济学家 Wesley C. Mitchell 和 Arthur F. Burns 对它的定义，即国家宏观经济活动的波动，也就是经济在发展过程中体现出的周期性变化，循环往复地进行扩张、萧条、收缩、复苏等经济活动。

研究经济周期最基础的工作就是通过基础经济指标衡量方法来划分阶段，经济学中较常用的衡量经济增长率的方法有单变量工具法和生产函数法。其中单变量工具主要是通过传统数据统计的方法分析出国家 GDP 实际变动数据情况，从中提取出经济周期成分，通过对趋势分析得到潜在的 GDP 数值；另一种生产函数法则是先从当时市场技术水平评估出全要素生产率，进而统计得到就业人口和资本存量，最后借助经济法中的生产函数计算得出潜在的 GDP 数值（董进，2006）。这些方法从不同角度展示了经济周期的不同划分方法，划分结果也略有差异。

20 世纪以来，学者纷纷开始探索经济阶段的划分，但起始的时间段略有差异。其中刘树成、张晓晶和张平（2005）研究了我国自改革开放以来的经济发展情况，并将其分为五个经济周期，具体包括 1977—1981 年、1982—1986 年、1987—1990 年、1991—2001 年和 2002—2005 年。同时，通过研究经济增长率波动，

---

① ST 股票，在股票领域上是指上市公司连续两个财年亏损而被特别对待的股票。

② * ST 股是指境内上市公司经营连续三年亏损，被进行退市风险警示的股票。

有学者进一步指出我国一个经济周期的持续时间为6～7年，自新中国成立至今，我国已经经历了多个完整周期。石晓军和张顺明(2010)研究了宏观环境对企业融资情况的影响，将1999－2006年作为样本时间段，其中2002年前划分为下行期，2002年后为上行期。还有学者从模型、统计计量方法上进行创新研究，借鉴Markov的状态转换模型①，代入我国的经济发展的历史数据，最终发现我国经济增长的三次高增长时期，分别为1983－1985年、1987－1988年和1992－1997年(王建军、陈珍珍，2007)。董进(2006)运用多种统计方法也将2002年后划分为上行期。在进行其他研究时，同样地2000－2002年和2008－2009年被划分为经济环境较差组，其他为较好组(江龙、刘笑松，2011)。

目前对经济指标的研究主要包括GDP、物价水平、就业水平等。基于本书研究的是宏观经济周期下投资者行为对盈余管理活动的影响，为保证数据的可获得性，主要以GDP为经济周期的衡量指标，图3－1列示了我国2000－2014年GDP增长率的变动，并选取2003－2014年作为样本期间。从图中可以看出，经济上行期为2000－2007年，GDP增长率由2000年的8.43％上涨到2007年的14.16％；2008年国际金融危机使得国际资本市场动荡，我国出口贸易总额剧减，国民经济三大马车之一的“出口”拉动力降至最低。可以看出，2008年我国的GDP的增长率下降到了9.63％，经济总体呈现波动下降的趋势，进入下行期。2008－2009年间增长率小幅下降，但在2010年回升，说明2008－2009年处于下行期。而2010－2014年间，我国经济发展速度持续下降，GDP增长率逐年递减，至2014年我国的GDP增长率已经降到7.40％。

根据以上分析，本章将2003－2007年、2010年划分为经济上行期，2008－2009年、2011－2014年划分为经济下行期，且上行期取值为0，下行期取值为1。

2. 盈余管理的度量

我国上市公司在选取盈余管理手段(应计盈余管理手段、真实盈余管理手段)时，会根据市场监管力度、未来损益、违规成本等因素综合考虑抉择。为了系统地探究经济周期对盈余管理的溢出效应，本章选取应计盈余管理和真实盈余管理两项指标对上市公司盈余管理活动进行度量。

1)应计盈余管理的度量

利用修正的Jones模型，首先，对每一个样本上市公司，按照如下公式计算

① 马尔可夫模型(Markov Model)是一种统计模型，广泛应用在语音识别、词性自动标注、音字转换、概率文法等各个自然语言处理等应用领域。经过长期发展，尤其是在语音识别中的成功应用，使它成为一种通用的统计工具。

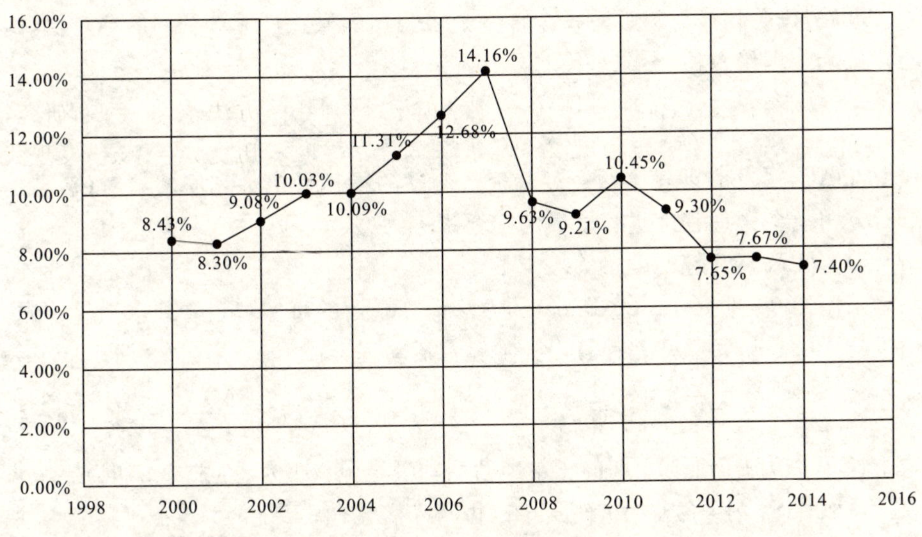

图 3-1　GDP 增长率趋势图

数据来源：国家统计局数据中心、中国经济网

总应计利润，考虑到 2007 年前后新旧会计准则的相关变化，$TAC_{i,t}$（即第 i 家公司第 t 年的应计利润）具体计算过程如下：

2002—2007 年：$TAC_{i,t}=NP_{i,t}+FC_{i,t}-CFO_{i,t}$

2008—2014 年：$TAC_{i,t}=NP_{i,t}+FC_{i,t}-II_{i,t}-CFV_{i,t}+CFO_{i,t}$

式中：$TAC_{i,t}$ 为 i 企业第 t 期的应计利润总额；$NP_{i,t}$ 为 i 企业第 t 期的净利润；$FC_{i,t}$ i 为企业第 t 期的财务费用；$CFO_{i,t}$ 为 i 企业第 t 期的经营活动现金流量净额；$II_{i,t}$ 为 i 企业第 t 期的投资收益总额；$CFV_{i,t}$ 为 i 企业第 t 期的公允价值变动损益。

其次，通过上述计算得到的应计利润总额，对方程（3-1）回归后通过将回归系数带入方程（3-2）计算得到非操纵应计利润 $NDA_{i,t}$。

$$\frac{TAC_{i,t}}{TA_{i,t-1}}=a_0+a_1*\frac{1}{TA_{i,t-1}}+a_2*\frac{\Delta REV_{i,t}}{TA_{i,t-1}}+a_3*\frac{PPE_{i,t}}{TA_{i,t-1}}+\varepsilon_{i,t} \quad (3-1)$$

$$\frac{NDA_{i,t}}{TA_{i,t-1}}=a_0+a_1*\frac{1}{TA_{i,t-1}}+a_2*\frac{\Delta REV_{i,t}-\Delta REC_{i,t}}{TA_{i,t-1}}+a_3*\frac{PPE_{i,t}}{TA_{i,t-1}}+\varepsilon_{i,t} \quad (3-2)$$

方程（3-2）中：$TA_{i,t-1}$ 为 i 企业第 $t-1$ 期的期末总资产；$\Delta REV_{i,t}$ 为 i 企业第 t 期的主营业务收入和上期主营业务收入的差额；$\Delta REC_{i,t}$ 为 i 企业第 t 期的当期期末应收账款和上期期末应收账款的差额；$PPE_{i,t}$ 为 i 企业第 t 期的固定资产价值;$NDA_{i,t}$为 i 企业第 t 期的非操控性应计利润。

最后,按公式(3-3)计算每个样本上市公司的操控性应计利润的绝对值,即应计盈余管理绝对值,公式如下:

$$DAC_{i,t}=\left|\frac{DA_{i,t}}{TA_{i,t}}\right|=\left|\frac{TAC_{i,t}}{TA_{i,t-1}}-\frac{NDA_{i,t}}{TA_{i,t-1}}\right| \tag{3-3}$$

式中:$DAC_{i,t}$为 i 企业第 t 期经过总资产调整的操控性应计利润的绝对值,是本章对公司盈余管理程度进行度量的主要指标。

2)真实盈余管理的度量

采用 2006 年 Roychowdhury 的方法计算企业的真实盈余管理水平。首先,通过公式(3-4)回归残差计算出异常经营活动现金流:

$$\frac{CFO_{i,t}}{TA_{i,t-1}}=a_0*(\frac{1}{TA_{i,t-1}})+a_1*(\frac{S_{i,t}}{TA_{i,t-1}})+a_2*(\frac{\Delta S_{i,t}}{TA_{i,t-1}})+\varepsilon_t \tag{3-4}$$

式中:$CFO_{i,t}$为 i 企业第 t 期的正常经营活动现金流;$S_{i,t}$为 i 企业第 t 期当年销售收入总额;$\Delta S_{i,t}$为 i 企业第 t 期当年销售收入变化额;$TA_{i,t-1}$为 i 企业第 $t-1$ 期的期末总资产。

式中的销售成本与当年销售额、存货变化额与销售变动额分别存在如下线性关系:

$$\frac{CGOS_{i,t}}{TA_{i,t-1}}=\beta_0*(\frac{1}{TA_{i,t-1}})+\beta_1*(\frac{S_{i,t}}{TA_{i,t-1}})+\varepsilon_t \tag{3-5}$$

$$\frac{\Delta INV_{i,t}}{TA_{i,t-1}}=\gamma_0*\left(\frac{1}{TA_{i,t-1}}\right)+\gamma_1*\left(\frac{\Delta S_{i,t}}{TA_{i,t-1}}\right)+\gamma_2*\left(\frac{\Delta S_{i,t-1}}{TA_{i,t-1}}\right)+\varepsilon_t \tag{3-6}$$

式中:$CGOS_{i,t}$为 i 企业第 t 期销售成本,$\Delta INV_{i,t}$为 i 企业第 t 期存货变化额,$\Delta S_{i,t-1}$为 i 企业第 t 期上年销售收入变动额。

其次,根据公式(3-5)与公式(3-6),通过公式(3-7)中的残差项计算出异常产品成本 $PROD_{i,t}$:

$$\frac{PROD_{i,t}}{TA_{i,t-1}}=\delta_0*\left(\frac{1}{TA_{i,t-1}}\right)+\delta_1*\left(\frac{S_{i,t}}{TA_{i,t-1}}\right)+\delta_2*\left(\frac{\Delta S_{i,t}}{TA_{i,t-1}}\right)+\delta_3*\left(\frac{\Delta S_{i,t-1}}{TA_{i,t-1}}\right)+\varepsilon_t \tag{3-7}$$

式中:$PROD_{i,t}$为 i 企业第 t 期产品成本,即销售成本和存货变化额之和。

同时,根据公式(3-8)残差项计算出企业的异常操控性费用:

$$\frac{DISEXP_{i,t}}{TA_{i,t-1}}=\upsilon_0+\upsilon_1*\left(\frac{1}{TA_{i,t-1}}\right)+\upsilon_2*\left(\frac{\Delta S_{i,t-1}}{TA_{i,t-1}}\right)+\varepsilon_t \tag{3-8}$$

式中:$DISEXP_{i,t}$为 i 企业第 t 期的可操控性费用。

最后,借鉴前人的研究方法(李增福等,2011),通过构建指标 EM 衡量公司真实的盈余管理程度：

EM=|异常产品耗费－异常经营活动现金流－异常操控性费用|

EM=|RPRPD－RCFO－REXP|

3. 控制变量的定义

(1)公司规模(Size)：李增福和周婷(2013)通过研究认为，公司规模将影响企业盈余管理活动，企业规模同上市公司应计盈余管理活动呈反向关系，同真实盈余管理活动呈正向关系。基于此，本章参考李增福和周婷(2013)的研究思路，通过公司年末总资产对数测量公司规模。

(2)资产负债率(LEV)：企业的负债对治理层存在相关作用，一定程度的负债水平对公司管理层可以起到“控制效应”(蔡吉甫，2009)。

(3)盈利能力(OM)：胡华夏等(2014)实证得出公司盈利能力同现金持有量呈正相关关系，而现金流量同公司盈余管理活动息息相关(高燕，2008)。本章参考郑琦和陈鹄飞(2009)的做法，将公司当期的营业利润率作为衡量公司的盈利能力的指标。

(4)公司成长性(Growth)：石军(2011)实证得出公司成长性越高时盈余管理活动越频繁。鉴于此，本章以总资产增长率的大小来衡量公司成长性水平的高低。

(5)自由现金流量(CFO)：是经过一定调整后的经营活动现金流量金额，即当年经营活动现金流量净额与上年年末总资产的比值。

(6)股东获利能力(TQ)：张祥建和郭岚(2007)通过实证分析认为公司股东获利能力同盈余管理程度呈正比。本章参考孟焰和张秀梅(2006)的做法，选取公司当年托宾Q值度量股东获利能力。托宾Q值越大，公司股东获利能力愈强，则进行盈余管理的动机愈大。

(7)最终控制人性质(State)：考虑到我国特殊的制度背景，将其划分为国有和非国有，其中国有设为1，非国有设为0，即虚拟变量。

所有变量具体定义见表3－1。

(三)模型设计

为了验证假设H0a，并全面考察经济周期与盈余管理程度的关系，构建模型(3－9)和模型(3－10)：

$$DAC_{i,t}=a_0+a_1BC_{i,t}+a_2Size_{i,t-1}+a_3LEV_{i,t-1}+a_4OM_{i,t-1}+a_5Growth_{i,t-1}+a_6CFO_{i,t-1}+a_7TQ_{i,t-1}+a_8State_{i,t-1}+\varepsilon_{i,t-1} \quad (3-9)$$

$$EM_{i,t}=a_0+a_1BC_{i,t}+a_2Size_{i,t-1}+a_3LEV_{i,t-1}+a_4OM_{i,t-1}+a_5Growth_{i,t-1}+a_6CFO_{i,t-1}+a_7TQ_{i,t-1}+a_8State_{i,t-1}+\varepsilon_{i,t-1} \quad (3-10)$$

表 3-1　各变量定义表

变量类型	变量名称	变量符号	定义
被解释变量	应计盈余管理	$DAC_{i,t}$	可操控应计利润的绝对值
	真实盈余管理	$EM_{i,t}$	EM=|异常产品成本－异常经营活动现金流－异常操控性费用|
解释变量	经济周期	$BC_{i,t}$	哑变量，宏观经济处于下行期(2008—2009年、2011—2013年)为1，否则为0
控制变量	企业规模	$Size_{i,t-1}$	期末总资产的自然对数
	资产负债率	$LEV_{i,t-1}$	期末总负债/期末总资产
	盈利能力	$OM_{i,t-1}$	净利润/总资产平均余额
	公司成长性	$Growth_{i,t-1}$	(当期营业收入－上期营业收入)/上期营业收入
	自由现金流量	$CFO_{i,t-1}$	当期经营活动现金净流量/上期末总资产
	股东获利能力	$TQ_{i,t-1}$	托宾Q值=市场价值/期末总资产
	最终控制人性质	$State_{i,t-1}$	哑变量。最终控制权属于国有为1，否则为0

其中，$DAC_{i,t}$、$EM_{i,t}$为被解释变量，$BC_{i,t}$为解释变量，其他变量为控制变量。通过考察模型(3-9)和模型(3-10)中$BC_{i,t}$的系数情况，进一步验证假设H0a。若$BC_{i,t}$的系数具有显著性且为正数，则假设H0a得到验证，即企业盈余管理活动与不同经济周期阶段存在显著的相关关系，且经济处于下行期的盈余管理程度大于经济处于上行期的盈余管理程度。若模型(3-9)中$BC_{i,t}$系数显著且为正数，而模型(3-10)中恰好相反，$BC_{i,t}$系数显著且为负数，表示经济下行期时企业的应计盈余管理的程度比经济上行期时应计盈余管理的程度要大，而经济下行期时企业的真实盈余管理程度要小于经济上行期时的真实盈余管理程度；若模型(3-9)中$BC_{i,t}$系数显著且为负数，而模型(3-10)中$BC_{i,t}$系数显著且为正数，则表示经济上行期时企业的应计盈余管理的程度比经济下行期时应计盈余管理的程度要大，而经济上行期时企业的真实盈余管理程度要小于经济下行期时的真实盈余管理程度，均在一定程度上违背了假设H0a。

三、实证结果分析

(一)描述性统计

表3-2中展示了模型(3-9)和模型(3-10)中相关变量的描述性统计的结果,其中应计盈余管理($DAC_{i,t}$)绝对值为0.000,最大值为515.831;真实盈余管理($EM_{i,t}$)最大值为24.011,最小值为0.000,则表示样本公司之间盈余管理程度差异较大。通过对控制变量的分析来看,样本公司的规模、资产负债率、盈利能力、公司现金流量及股东获利能力都存在很大的差别。其中,公司规模($Size_{i,t-1}$)的平均值为21.393,最大值和最小值分别为26.660和10.842,说明样本公司的规模结构差异大且不均衡;成长性($Growth_{i,t-1}$)的平均值为5.158,最大值和最小值分别为148.06和-1.046,表明样本公司整体总资产增长较快,但也有一部分公司成长性不强;资产负债率($LEV_{i,t-1}$)的平均值为0.969,说明随着我国上市公司资金来源日益多元化,公司的资产负债率有所提高,而从最大值和最小值可以看出,不同行业、不同性质的公司资产负债率水平有较大差异,这可能与我国特殊的所有制制度有关。

表3-2 各变量的描述性统计

变量	平均值	最大值	最小值	标准差	观察数
$DAC_{i,t}$	1.476	515.831	0.000	10.925	4839
$EM_{i,t}$	0.136	24.011	0.000	0.451	4839
$BC_{i,t}$	0.363	1.000	0.000	0.481	4839
$Size_{i,t-1}$	21.393	26.660	10.842	1.311	4839
$LEV_{i,t-1}$	0.969	877.256	0.000	13.305	4839
$OM_{i,t-1}$	-1.25	181.495	-3453.250	0.265	4839
$Growth_{i,t-1}$	5.158	148.06	-1.046	222.383	4839
$CFO_{i,t-1}$	0.302	1377.488	-169.109	19.957	4839
$TQ_{i,t-1}$	6.096	146.54	0.669	23.937	4839
$State_{i,t-1}$	0.588	1.000	0.000	0.492	4839

(二)回归分析

表 3-3 报告了检验经济周期与盈余管理的相关关系及不同经济周期阶段下盈余管理程度差异的回归结果。

表 3-3　经济周期对公司盈余管理程度影响的回归结果

变量	模型(3-9)	模型(3-10)
常数项	92.044 (17.910)	2.107 (10.652)
$BC_{i,t}$	3.270*** (8.986)	0.069*** (4.957)
$Size_{i,t-1}$	−4.661*** (−20.824)	−0.096*** (−11.154)
$LEV_{i,t-1}$	−0.014 (−1.247)	0.002*** (4.309)
$ROA_{i,t-1}$	0.739*** (5.287)	−0.097*** (−18.082)
$Growth_{i,t-1}$	0.001* (1.657)	−0.000 (−0.021)
$CFO_{i,t-1}$	0.188*** (19.597)	0.004*** (10.480)
$TQ_{i,t-1}$	−0.003*** (−4.624)	0.000*** (11.358)
$State_{i,t-1}$	1.228** (2.364)	0.001 (0.036)
Adjusted. R^2	0.281	0.376
F 检验	5.145***	7.384***
Durbin - Watson	1.522	2.380
N	4839	4839

注:“*”“**”“***”分别表示回归系数在 10%、5%、1%置信水平下显著,括号内为 t 值。

根据模型的回归结果显示，模型(3-9)和模型(3-10)中 $BC_{i,t}$ 的回归系数均在1%的置信水平下显著为正，说明经济周期与应计盈余管理和真实盈余管理均存在正相关关系，且经济下行期应计盈余管理及真实盈余管理程度均大于经济上行期，假设 H0b 得到了证实，进一步证实了经济周期通过影响公司经营环境，进而对上市公司盈余管理动机产生不同程度的影响。当经济周期处于上行期时，公司的成长性、盈利能力及利润空间均有提升和扩大，经营业绩良好，公司的盈余管理动机减弱，使得盈余管理程度降低；而当经济处于下行期时，企业成长性受到一定限制，盈利能力下降，利润空间进一步压缩，企业经营业绩下降，公司的盈余管理动机增强，使得盈余管理程度增大。

（三）稳健性检验

为保证本章结论的正确性，本章还作了稳健性检验，具体如下：

(1)经济周期的替代检验。本章根据王小鲁、余静文和樊纲《中国分省企业经营环境指数2013年报告》，以各地区企业的经营环境综合指数(包括金融服务、中介组织、人力资源、基础设施、和社会环境等方面)作为宏观经济周期变量度量，重新带入模型(3-9)和模型(3-10)进行回归分析，发现其回归后的结果基本和前文一致。

(2)时间区间的替代检验。考虑样本时间期限选择可能产生误差，本章增加了研究年限，将取值年限范围扩大为2000—2013年，并重新进行回归检验，检验结果无显著差异。通过上述不同方法的调整与检验，本章所提出的假设仍得到验证。

本章小结

本章分析了在内部传导和外部冲击下经济周期的形成机理，进一步从宏观、中观、微观层面分析了经济周期对经营环境的影响途径。在此基础上，本章结合宏观经济周期的影响，分析经济周期冲击对盈余管理的影响，并分别从生产经营、融资、投资、治理结构四个方面阐释了经济周期对盈余管理动机的催化作用。最后，通过定量实证分析了不同经济周期阶段对上市公司盈余管理动机的影响。通过本章的分析可以得出以下结论：

(1)在经济周期与宏观经济政策及股票市场的交互影响下，上市公司的经营环境不可能一成不变，导致上市公司的经营业绩、利润增长及公司市场价值不断发生变化，且由于宏观经济波动，上市公司盈余管理的动机也随之改变，因而经济周期不同阶段下盈余管理程度存在差异。

(2)从理论角度,定性分析了不同经济周期阶段对盈余管理动机的影响,并分别从生产经营、融资、投资、治理结构四个方面阐释了经济周期对盈余管理动机的催化作用。例如,在经济下行期,市场监管力度增强,资本市场疲软,投资悲观情绪弥漫,均给上市公司管理层造成了融资巨大的压力,因此,管理层为了扭转该局面,盈余管理程度也会随之上升。

(3)从实证角度,定量分析了经济周期原动力公司盈余管理的影响。实证结果表明经济周期与应计盈余管理和真实盈余管理均存在正相关关系,且经济下行期应计盈余管理和真实盈余管理的程度均大于经济上行期。当经济周期处于上行期时,公司的成长性、盈利能力及利润空间均有提升和扩大,经营业绩良好,公司的盈余管理动机减弱,使得盈余管理程度降低;而当经济周期处于下行期时,企业成长性受到一定限制,盈利能力下降,利润空间进一步压缩,企业经营业绩下降,公司的盈余管理动机增强,使得盈余管理程度增大。

综上所述,本章的研究为后续的实证研究提供了相关理论分析基础,为进一步探讨经济周期下控股股东、机构投资者及投资者交易行为对盈余管理的影响作了铺垫性分析。因此,在接下来的章节中,笔者将进一步收集宏观经济数据、投资者数据及我国上市公司的财务数据,并研究不同经济周期阶段下投资者行为对盈余管理的影响。

第四章　经济周期下投资者行为对盈余管理影响路径的实证研究

第一节　经济周期下投资者行为对盈余管理影响的机理分析

一、经济周期下控股股东行为影响盈余管理的机理分析

(一)不同经济周期阶段下控股股东行为特征

从宏观视角来看,经济周期通过影响实体经济,继而影响公司经营业绩,同时通过影响资本市场中的投资者行为影响公司融资环境。公司外部市场环境和监管环境随着宏观经济周期、国家宏观政策的调控而发生变化,因而对控股股东行为产生影响。一方面,由于种种原因我国公司大股东与中小股东之间的利益一直存在冲突,其中包括大股东的控股地位和股权分置。目前,我国关于中小股东权益保护的法律、法规还未形成体系,监管部门对股票市场的监管力度不够,因而控股股东操纵上市公司,并在资本市场上通过利益输送获取自身利益的情况屡见不鲜;另一方面,经济周期对实体经济影响使得公司持有的资产和获得的利润受到影响,因而限制或激发了控股股东实施利益输送行为的动机。而经济周期对资本市场的影响使公司外部融资环境发生变化,进一步阻碍或促进了控股股东实施利益输送行为。

1. 经济上行期控股股东影响盈余管理的机理分析

在宏观经济周期波动的影响下,控股股东行为必然与公司的实际经营状况、资本市场现状相联系。当经济周期处于上行期时,从实体经济来看,产品市场需求量上升,货币信贷扩张,公司在销售和投资水平上均呈上升态势,企业利润上涨,现金充裕,而这种环境则为控股股东转移公司资产及利润提供了良好的条

件。此时,控股股东的自利化动机使股东通过盈余行为掩饰侵占中小股东的行为,并通过多种方式实施利益输送。但与此同时,控股股东的利益输送行为不可避免地降低了对外公布盈余报告的可信度。例如公司资金充裕时,控股股东能够利用对公司的控制权无偿占用资金。持有绝大多数股份的控股股东凭借绝对的控制权,将公司的经济资源转移给母公司,或者对母子公司之间内部的关联性交易进行一系列盈余操作手段,加剧对中小股东的利益侵蚀程度,最后控股股东的行为必定会影响公司的会计信息质量和公司管理业绩报告的有效性。此外,经济上行期时外部融资环境宽松,在金融政策的大力引导下,控股股东会抓住公司配股筹资的机会,企图获得额外收益,进而攫取控制权的私人利益。股权再融资过程中,大股东会操纵管理层的融资决策,占用资金,大股东的行为无形中降低了资金使用效率,加剧了盈余管理程度。因而,在经济上行期,控股股东行为更多地表现为攫取公司利益、侵害中小股东权益。

2. 经济下行期控股股东影响盈余管理的机理分析

当经济周期处于下行期时,公司经营业绩受到实体经济冲击:一方面,原材料等基础资源供应的产量下降,市场反应迟缓;另一方面,市场需求量的大幅缩水,产品的滞销,导致资产价值开始下降,公司现金流量不足,资金链断裂,财务风险上升,财务状况恶化。然而,经营销售过程中违约概率和违约风险的增加,以及资金流动性的减弱必然进一步影响债务和银行贷款等软性约束机制、投资规模的复苏和回暖。同时,生产性经营资产质量的降低影响了企业的资本充足率,长期低于行业水平的资本充足率会进一步削弱盈利能力,恶化业务生存和发展。在这种情况下公司本身经营业绩不佳,控股股东攫取公司利益的条件及环境得不到满足,而基于保壳动机,此时控股股东更偏向于通过利益输入等方式对公司提供支持。因而,在经济下行期,控股股东攫取利益行为的收敛,反而会对公司提供支持,为以后获益打下基础。

(二)不同经济周期阶段下控股股东行为对盈余管理的影响路径

在宏观经济波动的影响下,上市公司经营环境发生变化,且在不同经济周期阶段下企业生产经营活动受到直接或间接的影响。而随着外部市场环境和公司基础面的变化,控股股东进行利益输送的动机、频率及程度也会随之变化。

1. 经济上行期控股股东行为对盈余管理的影响路径

在经济上行期,市场整体经营环境良好,控股股东侵占上市公司资源进行再投资所获得的收益大大超过将资金留存于公司内部所获得的收益。同时,上市公司有足够的现金流量吸引控股股东的目光,控股股东为获取更高的利润会加强对上市公司的资金侵占挪用，利益外输行为严重。为掩盖攫利行为，控股股东势必会利用盈余管理的粉饰及支持作用，进而加大上市公司盈余管理程度。因此盈余管理程度的加大在一定程度上反映了上市公司的资金管理存在问题。此外，资本市场在经济上行期对上市公司的监管力度小于经济下行期，主要体现在经济上行期公司融资约束程度较小、IPO以及公司增发配股阈值较低，金融脱媒程度更深等方面，这些都为控股股东提供了良好的利益输送条件，从而使得上市公司盈余管理程度更大。

2. 经济下行期控股股东行为对盈余管理的影响路径

在经济下行期，公司经营业绩一落千丈，由于控股股东和企业存在长期共同的利益捆绑，控股股东在面对企业持续亏损恶化的经营业绩时，会减少掏空行为而转向支持上市公司的经营，甚至逆向利益输送，与公司共度时艰。众多的支持方式中，学者经过成本收益分析，发现利用控股股东的控制权支持关联交易的成本最低。当企业经营发展规模增大，迫切需要通过股权再融资的方式进一步增大权益筹资额时，上市公司的控股股东会将自身长期的利益与短期盈余操纵行为成本进行博弈权衡，最终通过支持上市公司改良企业经营的资产状况、生产经营的条件等方式满足上市规定的需要达到配股或增发的硬性条件。同样，在上市公司的资产变更或遇到资金流动性瓶颈时，控股股东也会通过注入优质资源来更换上市公司不良的资产，提升公司的资产质量，从而提高上市公司的业绩。换一个角度来看，控股股东有的时候会通过增持股票行为赢得其他股东的增持行为，以此稳住股票价格。

控股股东这种利用自身资源帮助上市公司脱离困境、改善报表业绩的行为都是为了保住上市公司或者公司的配股资格，当然也是为了让自己能够长期占有公司的资金，控股股东除了充分利用自身资源，还会通过资产重组等方式达到自己的目的；反之，一旦控股股东减少股票持有，就会影响其他投资者的交易行为，进而影响公司股价。因此，在这种情况下，为保证公司的正常经营，控股股东的攫利行为会相对减弱，转而支持公司运营，进一步减弱上市公司盈余管理程度。

二、经济周期下机构投资者行为影响盈余管理的机理分析

（一）不同经济周期阶段下机构投资者行为特征

盈余管理受到很多因素的影响，而公司治理是影响盈余管理的一个不可忽略的重要因素，公司治理主要依赖的是会计信息的高质量。因此，想要一个完

善、成熟的公司治理体系,就必须提高会计信息质量。既能改变上市公司的股权结构,又能对上市公司的内部治理产生影响的,就是机构投资者。

1. 机构投资者行为影响盈余管理的机理分析

中国证券10多年的发展使机构投资者经历了跳跃式发展。借助于政策优势、人才引进和资金合理配置,公司治理不再仅仅局限于内部管理经营层,还让外部机构投资者逐步参与公司内部管理,促使管理决策优化。理性的机构投资者都会通过衡量自身行为所产生的收益与成本来决定是否参与公司的治理,无论选择参与公司治理与否,机构投资者都会在利益的驱动下做出对自己有利的选择,也就是说机构投资者监督公司的动力来源于公司是否能够为它的行为带来大于成本的收益。而机构投资者对公司进行监督就会抑制上市公司的盈余管理程度。投资业绩对机构投资者来说非常重要,机构投资者除权衡利益与成本外,在社会中的投资业绩也是他们参与公司治理的动力。机构投资者通过行使股东投票权、提交股东议案、与管理层协商等行为方式,积极参与公司治理,以抑制盈余管理程度实现提高企业利润、获取企业盈利的目标。同时机构投资者也借此机会提高自身业绩,这样机构投资者就会收到更多的闲散资金来扩大公司规模,管理者的收入也得到了提高。同时,机构投资者的监督推动了上市公司治理结构的变革,强化了外部投资者对于公司治理的权利,一定程度上弱化了内部控股股东对公司的绝对控制。这不仅降低了机构投资者的成本,还降低了机构投资者的投资风险。一般来说,机构投资者主要通过以下三种方式影响上市公司盈余管理行为。

1)机构投资者规模效应

相对于个人投资者而言,机构投资者除了拥有显而易见的人力、物力和财力优势外,其交易量大,还可以享受佣金的优惠,能够降低交易成本,在信息的搜集和处理方面存在规模效应(张婉君,2011)。同时,机构投资者的规模效应,能在一定程度上对受托责任承担主要股东的监督作用,将第一类委托代理冲突引起的盈余管理程度逐渐降低,发挥抑制盈余管理的有效作用(张清,2005)。

2)机构投资者持股行为

在企业中,机构投资者加入持股,从一定程度上能平衡股权结构,对控股的大股东带来相关的制衡和约束,尽管无法彻底解决第二类委托代理引起的盈余管理问题,但可以减少盈余管理行为。中小股东无法为自己利益说话,甚至经济利益被上市公司的控股股东吞占,让研究者逐步开始反思,究竟应该如何控制和改善控股股东行为,尤其是在这种高度集中的股权结构的情况下。国外研究表明,多个大股东相互制衡式的并存方式,可以带来较为科学和完善的股权结构。很多学者经过研究认为股权结构里的控制权分散,对于保护中小股东有着积极作用。Bennedsen 等(2000)利用模型，证实了这一观点，并指出分散的控制权可以提升公司的价值。事实上，盈余管理的产生很大程度上是由于公司治理结构所导致的(胡华夏、韩艳，2007)。因此，当机构投资者持股比例增加，在共同的利益导向下时，其会与公司其他股东形成统一的整体，并凭借持有股份对公司实施重大的影响，在经营和投资的相关决策上表达自己的管理理念，真正保护自己的利益，进而确保中小股东和自身的权益要求和利益表达。

3)机构投资者信息优势

由于机构投资者获取信息的渠道较多，获得有效信息的机会较大，因而可以通过信息优势来及时降低信息不对称造成的盈余管理的影响。相对于普通投资者，机构投资者受过专业训练，拥有良好的基础知识，在信息分析和判断方面，专业的财务人才凭借自己的知识处理信息的正确性较高。一方面，机构投资者拥有各种信息渠道与手段，有及时获取信息与处理信息的先行权，能从投资价值角度对信息进行深入正确的解读，且能对被投资企业进行一定程度的监控；另一方面，机构投资者持股时间越长越容易接近董事会和高管来获得信息，也对管理层的管理模式更加了解。机构投资者在上市公司的话语权通常是经过公司董事会来表达，这是因为他们拥有较多的持股比例，影响公司信息的发布和传导，可以起到提升信息的透明度和传播质量的作用，进一步显现了机构投资股东的监督效率。通过实证研究，机构投资者持股比例的转换不仅能降低代理成本，激励管理层，增加股市股价的信息价值量(侯宇、叶冬艳，2008)，更能影响股票的波动性(祁斌、黄明和陈卓思，2006)，个别投资公司也有更高意愿来提高信息披露程度(崔学刚，2004；叶建芳等，2009)。

通过上述分析，本章认为机构投资者对公司的治理起到了有效的改善与监督作用，可以将机构投资者的监督效用纳入公司的治理结构中，将委托代理、信息不对称等带来的问题逐一解决，尤其是解决机构投资者的过度积极主义。上市公司逐步推动“三会”(股东会、董事会、监事会)和执行层(经理)建立相互制衡的关系，使职业经理人在受托责任观的基础上，不仅可以实现两权分离制度局部形式上的统一，缓解委托代理冲突，还可以逐步缩小代理人进行盈余管理的空间。

2. 经济周期影响投资者行为的机理分析

由于宏观经济环境同样会影响机构投资者的经营业绩，因此经济周期会对投资者的决策、投资动机产生影响，从而影响持股行为，对上市公司盈余管理程度的影响也会发生相应变化。此外，不同机构投资者的投资风格是不同的，有的机构投资者喜欢频繁地更换所投资的资产，看重的是短期的投资收益；而有的机构投资者更喜欢长期持有，看重的是长期的投资收益。市场是不断变化的，我们不能绝对地说哪种投资风格更好。一般而言,喜欢长期持有的机构投资者相较于看重短期利益的投资者而言更倾向于参与公司的治理。因此,在经济环境的变化下,投资者持股行为的治理效应会受到影响。

1)经济上行期影响机构投资者行为的机理分析

当经济周期处于上行期时,在实体经济驱动下,产品需求量加大,公司收入空间和利润空间提升,机构投资者在投资中获益程度升高。如果机构投资者持股比例较大且作为长线投资,为保证自身利益不受控股股东的侵害,该类机构投资者会发挥治理效应,对控股股东进行监督,并通过行使多种股东权利维护自身利益。如果机构投资者持股集中度较低且仅进行短线投资,则该类机构投资者的投机动机较大,而由于经济上行、股市高涨、市场投机活跃,机构投资者更多地表现为受利益驱使,抛售所持股票,采取投机行为。因此,进行长线投资的机构投资者在经济上行期表现为积极主义的治理行为,进行短线投资的机构投资者则表现为频繁交易的投机行为。

2)经济下行期影响机构投资者行为的机理分析

当经济周期处于下行期时,市场上的总需求不会上涨,甚至不会维持正常的需求水平,总供给量也会随之大大减少。公司的销量下降,业绩受到严重冲击,股价严重波动使机构投资者产生巨大的投资压力。由于经济周期处于该阶段时股市往往低迷,投资者投资热情降低,投机行为减少,投资风险加大,因而机构投资者不管是长期投资亦或是短期投资,均会关注当前投资的公司。对于持股集中度较高且持股比例较高的机构投资者会更加关注投资公司的经营状况,并积极参与公司治理,对公司提供支持,而短线机构投资者考虑到交易成本及风险,交易频繁度也会降低。因而,不同类型机构投资者在经济下行期往往表现为治理行为,交易行为活跃度会降低。

(二)经济周期下机构投资者行为对盈余管理的影响路径

1. 经济上行期机构投资者行为对盈余管理的影响路径

当经济周期处于上行期时,控股股东自利化动机增大,盈余管理利益输送行为加剧。作为具有资金规模和相当持股比例的机构投资者,有能力和动机为维护自身利益,成为上市公司能够抗衡控股股东的制衡股东。这有助于机构投资者限制控股股东的盈余管理动机,维护中小投资者的利益,提升中小投资者地位。目前,我国上市公司恶意分红甚至多年不分红、控股股东挪用公司资产获取自身利益的事件屡见不鲜。而资本雄厚的机构投资者则可以在一定程度上抑制控股股东掠夺中小投资者利益的行为,降低上市公司的盈余管理程度。相较于持股比例高的机构投资者,持股较低的机构投资者的交易成本较低,持股行为是出于短期投资的目的。在经济上行期，由于股市短线投机氛围更为浓厚，使得机构投资者的持股周转率升高，不仅没起到治理效应，反而会扰乱公司的治理结果，加剧上市公司盈余管理行为。

2. 经济下行期机构投资者行为对盈余管理的影响路径

当经济周期处于下行期时，市场环境不景气，上市公司经营业绩下滑，机构投资者的自身业绩也受到影响，而机构投资者的高持股行为在该环境下将会使他们更为重视公司经营发展和治理。机构投资者充分发挥公司内部治理机制的效用，提升经营业绩的同时，可以减弱上市公司盈余管理程度。一方面，机构投资者能够通过更换公司管理层、出售股票等自利化的行为给管理层施压，迫使经营者尽职尽责，积极提高公司经营业绩，从而使股票价格提升；另一方面，机构投资者可以从公开的经理市场选拔，招聘专业的职业经理人，并通过科学管理的绩效评价，给经营管理层施压，促使公司的产品及服务迎合顾客需求，从而提高公司业绩，降低上市公司盈余管理程度。此外，当经济周期处于下行期时，股市低迷，基于短期投资的机构投资者的低持股行为，由于投资者的投资动机关注短期收益并不关注公司的发展，短期股票的抛售会带来股价的波动，股价的下跌会直接向市场传递出经营业绩不好的信息传递，最终影响上市公司市值的波动，加大经营者压力的同时，也激发了上市公司盈余管理动机，使得上市公司盈余管理程度加大。

第二节　经济周期下控股股东行为对盈余管理影响的实证研究

一、理论分析与研究假设

根据《公司法》中对控股股东的定义，控股股东是指拥有公司过半股份，或者虽然持股比例不超过50%，但能对公司的经营决策产生重大影响的股东。基于此可以进一步将控股股东划分为绝对控股股东和相对控股股东。其中，绝对控股股东在某种程度上可以绝对保证控股公司的正常经营和管理层的任命；相对控股股东虽然出资额占有限责任公司资本总额不足50%，但也能决定控股公司的经营活动和管理层的任命。本章研究的控股股东包括了绝对控股股东和相对控股股东。

由于在现实中，较难完全根据实际控制权界定控股股东，为了简化，笔者以第一大股东的情况作为分析控股股东的基础。

(一)控股股东行为对盈余管理影响分析与假设

随着股权分置改革的完成,我国上市公司控股股东数量快速增长的现象加剧了公司盈余管理的程度。张祥建和郭岚(2007)研究发现,大股东为了获取和维持公司的上市资格这种稀缺资源,提升发行股价,进行后期的股权再融资,加之中小股东的弱控制权和信息劣势,控股股东就会有较大的盈余管理动机,掠夺处于相对弱势地位的中小股东的权益。同时,上市公司控股股东会借助各种途径将公司的财富秘密转移,使之成为自我资源并以此满足自我利益,导致企业的业绩下滑,并损害其他股东的合法权益,这种利益外输的行为被称为"掏空行为"(Johnson et al,2000)。通常而言,企业的股权集中度越高,股东和管理层之间的利益矛盾越激烈,代理问题也越严重,控股股东更容易通过盈余管理进行利益输送,使公司的收益更多地流向大股东,从而侵蚀小股东的利益。

事实上,控股股东为了获取长期利益,有时也会放弃一味地索取公司利益,如在保壳、获取股权融资资格等情况下,通过输送一定的资源达到维持公司良好业绩的目的(张光荣、曾勇,2006)。但与这种支持相比,满足掏空需求的利益外输行为的频率与程度显然要更大更深(章卫东等,2012)。此外,控股股东与公司小股东之间的利益冲突问题发生较为频繁,而处于弱势地位的股东就会成为被掠夺的对象(Claessens et al,2000)。控股股东实现利益外输的掏空行为的方式包括两种类型:第一种是在不转移公司资产的基础上,控股股东通过冻结小股东股权,提高控制权力;第二种类型是控股股东通过盈余管理来掩盖内部交易的利益输送行为,通过购销合同、舞弊等自我交易的行为将公司的财产资源输送出来。在我国,控股股东主要通过自我交易来实现掏空、侵占小股东权益。同时,李增泉等(2005)研究发现控股股东多采用关联交易、股利政策、发行新股等方式,为进行盈余管理的利益输送行为作掩饰。无论是在国外发达的资本市场,还是国内尚未完善的资本市场,深度控制公司权力的现象都十分普遍。控股股东利用深度控制力,进行盈余管理操纵利润、转移收益,并以此来掩盖为自身牟取私利的行为,使中小股东权利受到侵害。

1. 控股股东行为对应计盈余管理的影响

与国外发达资本市场相比,我国的资本市场还有一定的不足之处,仍待进一步完善。在我国,薄弱的国家监管力度、上市公司自身缺陷等问题都使上市公司的财务报告过程存在较大的可操作空间。显然,合法合规的薪酬标准已经不太能满足控股股东膨胀的欲望。在一定情况下,控股股东会首选过激的盈余管理来实现利益的攫取与侵占(苏冬蔚、林大庞,2010)。在控股股东压力下,上市公司通过关联交易的方式将企业的资源移出或者送入,并通过追溯调整准备金、调增利润、资产评估消除潜亏等应计盈余管理手段,使发行的股票实现一定的收益。基于上述分析提出以下假设。

假设 H1a:控股股东利益输送行为与应计盈余管理之间存在正相关关系。

2. 控股股东行为对真实盈余管理的影响

公司进行盈余管理活动的动机往往是控股股东利用他们对公司的绝对控制权牟取私利,而该行为使公司偏离正常的经营轨道,既损害了中小股东的利益,也不利于公司业绩水平的提高。余明桂等(2006)指出控股股东存在利用转移价格,向上市公司征收过高的无形资产使用费等不合理的"掏空行为",他们会通过不断掠夺公司的各种资源来维护自己的利益。根据控股股东性质的不同,代理问题的产生和解决方式会对盈余管理的动机和强度产生影响。此外,私有产权控股的上市公司的各项活动都面临着市场上的充分竞争。因此,公司的各种财务数据都要十分严谨以避免外界对它的道德风险的怀疑。即使如此,控股股东还是不会放弃获取利益的行为,真实盈余管理就成为他们掠夺财产资源的"秘密途径"。周娟(2013)以 2007 年至 2010 年的数据研究分析控股股东性质与真实盈余管理之间的关系,发现控股股东性质不同,对真实盈余管理的影响程度也不同,其中私有产权控股的上市公司真实盈余管理程度是最高的。在我国,控股股东往往在上市公司的股权再融资前通过操纵应计和真实盈余管理两种方式进行公司的盈余管理活动,但是二者的影响力不同,真实盈余管理程度更强(李增福等,2011)。控股股东能通过利益输送行为满足自身利益需求,并通过"构造交易"等真实盈余管理手段,使上市公司轻易达到实施攫利及新股发行等的阈值。基于上述分析提出以下假设。

假设 H1b:控股股东利益输送行为与真实盈余管理之间存在正相关关系。

(二)经济周期下控股股东行为对盈余管理影响分析与假设

1. 经济周期对控股股东行为的影响

在世界上很多资本市场体制不太完善的国家和地区,股权相对集中是上市公司普遍的问题。对公司实施有效控制的控股股东经常通过掠夺中小股东的利益以及公司的利益,以实现自我利益。同时,他们又会积极地隐藏自己的行为(La Porta et al,1998)。然而,控股股东并不总是掏空公司利益,在企业危难时期,控股股东支持企业的积极作用就会得到体现(Friedman et al,2003)。唯一不变的就是控股股东的短期掏空与企业困境时的输送行为都是为了实现个人投资效率和回报率的最大化,只是在基本理性经济人的前提下,不同经济周期波动下控股股东行为模式是存在差异的(连燕玲等,2012;罗琦、胡志强,2011)。

经济周期波动下，整个资本市场亦会受到冲击，具体体现在股市行情特别是股票价格的波动上（成思危、李自然，2004）。在我国现有相对集中的股权结构下，中小股东难以对上市公司的经营管理决策实施重大影响，持股目的主要在于取得证券投资的短期收益（贺建刚等，2008）。因此，当经济周期出现波动且进一步影响到股市行情时，中小股东就会首选“用脚投票”的方式来避免投资损失（Gillan、Starks，2000；支晓强、童盼，2005）。相对于为获取短期投资收益的中小股东而言，控股股东的控制权使得投资回报率与公司的经营业绩相挂钩。因此，控股股东无法像中小股东那样轻易离场或者率先发动上涨行情（Friedman et al，2003）。反而，控股股东会出于“管家意识”，通过盈余管理来规避风险，适应经济周期波动的需要。

在经济上行期，整体经济运行状况良好，产品市场活跃，企业因较快的资产速度能积累较为充裕的现金流量（王福胜等，2014）。对内部，控股股东侵占现金的利益远超过将其转为留存的收益，这一利益差诱发了控股股东为实现控制权利益而进行“掏空行为”（马曙光等，2005）。对外部，资本市场上股价传递给外部信息使用者良好的信号，企业发出优质成长性和盈利能力良好的信息，利润空间扩大。这些信息最终将以股价的形式反映到资本市场，从而使得社会监管者和投资者对公司的盈利持乐观态度与良好的信心，并保有较好的容忍态度，为企业提供了一个较为宽松的监管与经营环境（万丛颖、张楠楠，2013）。反过来，宽松的监管与经营环境则成为培养控股股东进行隐藏性的消极行为的温室，使得企业利益不断外流的状况愈演愈烈。反之，在经济下行期，监管力度更加严格、投资情绪持续低迷，为保证公司的正常经营，控股股东攫利行为会相对减少，转而支持公司运营。基于上述分析提出以下假设。

假设 H1c：经济周期同控股股东利益输送行为之间存在相关关系；且在经济下行期，控股股东利益输送行为少于经济上行期。

2. 经济周期下控股股东行为对盈余管理的影响

在经济上行期，企业财务状况得到改善，经营业绩提升，市场需求提升，企业产品周转快，现金流量充裕，成长性和盈利能力也会上升，利润空间扩大，资产升值空间大（徐晋等，2005）。同时，资本市场传递良好的绩效信息增加了投资者乐观的投资情绪，提升了市场容忍度（邵毅平、张健，2011；丁方飞等，2013）。此时，控股股东面对良好的业绩和丰富的现金流，短期投机和利益输送意识增强，作为掩饰投机行为的一种手段，盈余管理活动的需求激增。当“掏空行为”所获得的控制权利益远大于掏空监管成本和资金留存企业的收益之和时，控股股东的“掏空行为”将屡禁不止，由此所诱发的盈余管理活动亦将更加频繁。

在经济下行期，市场需求锐减，资金周转缓慢，利润空间压缩，企业经营业绩每况愈下，财务状况堪忧，甚至现金流量断裂(陆正飞、魏涛，2006)。企业恶劣的财务状况和经营业绩使得资本市场投资者都急于脱身，市场流动性急剧下降，公司价值进一步降低，市场参与者悲观投资情绪危机达到顶峰。一方面，从控股股东的经济利益与公司业绩挂钩的角度来说，控股股东的主要需求已经从微观的短期内的利益掏空转变为宏观挽救企业运营状况了。当企业陷入绝境时，控股股东会进行逆向掏空的利益内输行为，通过向企业输送资源，帮助企业渡过这一绝境(张俊瑞等，2008)。另一方面，在经济下行期，频发的丑闻降低了投资者的乐观情绪，市场参与者要求加大资本市场的监管力度(贺建刚等，2008)，大股东此时的"掏空行为"成本显著提升，由控股股东的掏空攫利行为诱发的上市公司盈余管理活动，特别是关联交易活动，得到了有效抑制。基于上述分析提出以下假设。

假设 H1d：在经济周期下，控股股东利益输送行为与上市公司应计盈余管理存在相关关系；在经济上行期，控股股东利益输送行为与应计盈余管理存在正相关关系；在经济下行期，控股股东行为影响应计盈余管理的过程中，经济周期波动起到了负向调节的作用。

假设 H1e：在经济周期下，控股股东利益输送行为与上市公司真实盈余管理存在相关关系；在经济上行期，控股股东利益输送行为与真实盈余管理存在正相关关系；在经济下行期，控股股东行为影响真实盈余管理的过程中，经济周期波动起到了负向调节的作用。

二、研究设计

(一)样本选取与数据来源

本节选择 2003－2013 年间深市 A 股上市公司为研究对象，样本数据主要来自于国泰安数据库(CSMAR)和锐思数据库。本节数据处理过程与上一章类似，首先为保证获得数据的可比性，剔除金融、保险行业的公司；其次剔除 ST 和 *ST 公司，降低异常值的不良影响；接着，剔除样本中相关财务数据缺失的公司，以及其他数据异常的公司；然后，对样本数据进行抽查，并将其与证监会披露的信息作比较，提升数据的准确性；最后，同样运用 Winsorize 处理，按年度对各个变量进行处理。最终得到的样本为 442 家上市公司，共 4755 个观测值。

(二)变量定义

1. 控股股东行为的度量

国外学者研究控股股东的利益指标衡量包括：现金股利支付相关的交易水

平、控制权溢价和上市公司控股股东之间的关联交易等。但由于大多数样本公司的控股股东拥有的股票多为非流通股,因此,控股股东控制权溢价难以正确测量。同时,由于上市公司股价通常会在企业宣告较低的现金股利时上涨,所以不能通过现金股利支付水平来缓解控股股东的代理问题。因此,在我国不宜用现金股利支付和大股东控制权溢价作为控股股东行为的代理变量。

介于上述原因,笔者采用关联交易指标作为控股股东利益输送的代理变量。我国研究上市公司控股股东利益输送的学者,如李增泉、孙铮和王志伟(2004),潘红波和余明桂(2010)等,大多利用控股股东对上市公司的资金占用衡量利益输送行为,股东资金占用一般包括应收账款、预付账款和其他应收款。笔者借鉴绝大多数学者的方法,通过应收款项、预付账款以及其他应收款的和来度量控股股东的利益输送行为(Tunnel);同时,通过企业资产总额来对控股股东利益输送行为的表征变量予以标准化,以消除规模影响。针对不同经济周期阶段下控股股东的行为,笔者则以经济周期哑变量(BC)和控股股东利益输送行为(Tunnel)的交乘项(BC * Tunnel)进行衡量。若实证得出系数为负,则表明经济上行期,控股股东利益输送行为对上市公司盈余管理的影响程度较经济下行期更大。

2. 经济周期的度量

本节依然采用第三章中的划分方法,将经济周期 2003—2007 年、2010 年划分为经济上行期,取值为 0;2008—2009 年、2010—2013 年划分为经济下行期,取值为 1。

3. 盈余管理的度量

应计盈余管理和真实盈余管理是控股股东实施利益输送行为的重要手段,本节采用第三章中度量应计盈余管理(DAC)和真实盈余管理(EM)的方法,作为度量上市公司盈余管理程度的指标。

4. 控制变量的定义

(1)公司规模(Size):李增福和周婷(2013)通过研究认为,公司规模将影响企业盈余管理活动,企业规模同上市公司应计盈余管理活动呈反向关系,同真实盈余管理活动呈正向关系。基于此,笔者参考苏冬蔚和林大庞(2010)、李增福和周婷(2013)的研究思路,通过公司年末总资产对数测量公司规模。

(2)成长性(Growth):石军(2011)实证得出公司成长性越高,盈余管理活动越频繁。鉴于此,笔者以总资产增长率的大小来衡量公司成长性水平的高低。

(3)公司治理机制(BOS、CEO):于忠泊等(2011)认为,公司治理结构完善程度与公司管理层压力的大小呈正相关关系,公司治理结构的完善程度能降低企业进行盈余管理的可能性。鉴于此,笔者借鉴高雷、张杰(2008)的做法,选取公司当年的监事会人数、董事长独立性作为度量公司治理机制的变量。

(4)资产负债率(LEV):企业的负债对治理层存在相关作用,一定程度的负债水平对公司管理层可以起到“控制效应”(蔡吉甫,2009)。

(5)盈利能力(OM):胡华夏等(2014)实证得出公司盈利能力同现金持有量呈正相关关系,而现金流量同公司盈余管理活动息息相关(高燕,2008)。因此,笔者参考郑琦和陈鹄飞(2009)的做法,将公司当期的营业利润率作为衡量公司的盈利能力的指标。

(6)股东控制力(Firstholder):样本上市公司年度最终控制人的持股比例。该指标衡量最终控制人通过控制权进行盈余管理,获取更多收益的动机与能力(连燕玲等,2012)。

(7)动机需求(Suspect):洪荭等(2012)认为,如果上市公司具有保盈动机(ROE 在 0～1%之间)、配股动机(ROE 在 6%～6.5%之间)、保增长动机(ROA 在 0～0.5%之间)三动机之中的一种或几种,则具有较大的盈余管理动机。

(8)股东获利能力(TQ):张祥建和郭岚(2007)实证认为公司股东获利能力同盈余管理程度呈正比。笔者参考孟焰和张秀梅(2006)的做法,选取公司当年托宾 Q 值度量股东获利能力。托宾 Q 值越大,公司股东获利能力越强,则进行盈余管理的动机越大。

本节的具体变量定义见表 4-1。

(三)模型设计

为了验证假设 H1a 和 H1b,证实控股股东行为与盈余管理的关系,构建了如下两个模型:

$$DAC_{i,t}=a_0+a_1 Tunnel_{i,t}+a_2 Size_{i,t-1}+a_3 Growth_{i,t-1}+a_4 BOS_{i,t-1}+a_5 CEO_{i,t-1}+a_6 LEV_{i,t-1}+a_7 OM_{i,t-1}+a_8 Firstholder_{i,t-1}+a_9 Suspect_{i,t-1}+a_{10} TQ_{i,t-1}+\varepsilon_{i,t-1} \quad (4-1)$$

$$EM_{i,t}=a_0+a_1 Tunnel_{i,t}+a_2 Size_{i,t-1}+a_3 Growth_{i,t-1}+a_4 BOS_{i,t-1}+a_5 CEO_{i,t-1}+a_6 LEV_{i,t-1}+a_7 OM_{i,t-1}+a_8 Firstholder_{i,t-1}+a_9 Suspect_{i,t-1}+a_{10} TQ_{i,t-1}+\varepsilon_{i,t-1} \quad (4-2)$$

式中:$DAC_{i,t}$、$EM_{i,t}$为被解释变量;$Tunnel_{i,t}$为解释变量;其他变量为控制变量。为了验证假设 H1a,考察模型(4-1)中 $Tunnel_{i,t}$的系数。若 $Tunnel_{i,t}$的系数显著为正,说明控股股东利益输送行为与应计盈余管理正相关关系,即控股股东的利益输送行为会加剧企业的盈余管理程度,从而验证假设 H1a;反之,若二者呈显著的负相关关系则不能支持假设 H1a。

表 4-1 各变量定义表

变量类型	变量名称	变量符号	定义
被解释变量	应计盈余管理	$DAC_{i,t}$	可操控应计利润的绝对值
	真实盈余管理	$EM_{i,t}$	EM=|异常产品成本－异常经营活动现金流－异常操|
解释变量	经济周期	$BC_{i,t}$	哑变量，宏观经济处于下行期（2008—2009 年、2011—2013 年）为 1，否则为 0
	控股股东利益输送行业	$Tunnel_{i,t}$	（应收账款＋预付账款＋其他应收款）/资产总额
	交乘项	$BC_{i,t} * Tunnel_{i,t}$	$Tunnel_{i,t}$ 与 $BC_{i,t}$ 的交乘项
控制变量	企业规模	$Size_{i,t-1}$	期末总资产的自然对数
	成长性	$Growth_{i,t-1}$	总资产增长率
	监事会人数	$BOS_{i,t-1}$	监事会人数
	两职设置	$CEO_{i,t-1}$	虚拟变量。董事长与总经理两职合，则设为 1，否则为 0
	资产负债率	$LEV_{i,t-1}$	期末总负债/期末总资产
	盈利能力	$OM_{i,t-1}$	营业利润率
	股东控制力	$Firstholder_{i,t-1}$	第一股东持股股数/总股数
	动机需求	$Suspect_{i,t-1}$	如果公司被确定具有保盈、配股、保增长动机，则设为 1，否则为 0
	股东获利能力	$TQ_{i,t-1}$	托宾 Q 值＝市场价值/期末总资产

类似地，为验证假设 H1b，考察模型（4-2）中 $Tunnel_{i,t}$ 的系数。若 $Tunnel_{i,t}$ 的系数显著为正，说明上市公司控股股东利益输送行为与真实盈余管理正相关，则支持假设 H1b；反之，假设 H1b 不成立。

为了检验假设 H1c，证实经济周期对控股股东行为的影响，建立模型（4-3）：

$$\begin{aligned} Tunnel_{i,t} = {} & a_0 + a_1 BC_{i,t} + a_2 Size_{i,t-1} + a_3 Growth_{i,t-1} + a_4 BOS_{i,t-1} + \\ & a_5 CEO_{i,t-1} + a_6 LEV_{i,t-1} + a_7 OM_{i,t-1} + a_8 Firstholder_{i,t-1} \\ & + a_9 Suspect_{i,t-1} + a_{10} TQ_{i,t-1} + \varepsilon_{i,t-1} \end{aligned} \tag{4-3}$$

式中：$Tunnel_{i,t}$ 为被解释变量；$BC_{i,t}$ 为解释变量；其他变量为控制变量。根据假设 H1c，控股股东利益输送行为在经济下行期小于经济上行期，如果模型(4－3)中 a_1 的系数显著为负，表示假设 H1c 成立；反之，假设不成立。

为了检验假设 H1d 和 H1e，证实不同经济周期阶段下控股股东行为对盈余管理影响的差异，建立以下模型：

$$DAC_{i,t}=a_0+a_1BC_{i,t}+a_2Tunnel_{i,t}+a_3BC_{i,t}*Tunnel_{i,t}+a_4Size_{i,t-1}+a_5Growth_{i,t-1}+a_6BOS_{i,t-1}+a_7CEO_{i,t-1}+a_8LEV_{i,t-1}+a_9OM_{i,t-1}+a_{10}Firstholder_{i,t-1}+a_{11}Suspect_{i,t-1}+a_{12}TQ_{i,t-1}+\varepsilon_{i,t-1} \quad (4-4)$$

$$EM_{i,t}=a_0+a_1BC_{i,t}+a_2Tunnel_{i,t}+a_3BC_{i,t}*Tunnel_{i,t}+a_4Size_{i,t-1}+a_5Growth_{i,t-1}+a_6BOS_{i,t-1}+a_7CEO_{i,t-1}+a_8LEV_{i,t-1}+a_9OM_{i,t-1}+a_{10}Firstholder_{i,t-1}+a_{11}Suspect_{i,t-1}+a_{12}TQ_{i,t-1}+\varepsilon_{i,t-1} \quad (4-5)$$

为进一步验证不同经济周期阶段下控股股东行为对公司盈余管理程度的影响，在模型(4－1)和(4－2)的基础上加入了 $BC_{i,t}$、$Tunnel_{i,t}$ 和 $BC_{i,t}*Tunnel_{i,t}$，得到模型(4－4)和模型(4－5)。通过对模型(4－4)的回归系数考察分析，检验假设 H1d。根据前文检验假设 H0a 的结果，预测模型(4－4)中 $BC_{i,t}$ 的系数仍显著为正，即经济周期波动与上市公司盈余管理程度负相关。若 $Tunnel_{i,t}$ 的回归结果显著且符号为正，则表明经济上行期时，控股股东利益输送行为与应计盈余管理正相关，在一定程度上可以支持假设 H1d，反之则不支持假设 H1d；若交乘项 $BC_{i,t}*Tunnel_{i,t}$ 的回归结果显著且符号为负，则表明经济下行期时，在控股股东行为对公司盈余管理活动影响的过程中，经济周期波动起到了负向调节作用，即控股股东行为对应计盈余管理的正向影响减弱，支持假设 H1d，反之则不支持假设 H1d。

类似地，通过考察模型(4－5)中 $BC_{i,t}$、$Tunnel_{i,t}$ 以及交乘项 $BC_{i,t}*Tunnel_{i,t}$ 的系数，检验假设 H1e。若 $Tunnel_{i,t}$ 的回归系数显著为正，则说明经济处于上行期时，控股股东利益输送行为与真实盈余管理正相关，支持假设 H1e，反之则不支持 H1e；若交乘项 $BC_{i,t}*Tunnel_{i,t}$ 的回归系数显著且符号为负，则表明经济下行期时，在控股股东行为对公司盈余管理活动影响的过程中，经济周期波动起到了负向调节作用，即控股股东行为对真实盈余管理的正向影响减弱，支持假设 H1e，反之不支持。

三、实证结果分析

(一)描述性统计

表 4－2 报告了本章回归模型中主要变量描述性统计的结果。其中应计盈余管理($DAC_{i,t}$)均值为 3.364,最大值高达 11 086.060,最小值接近于 0.000;而真实盈余管理($EM_{i,t}$)均值为 0.127,最大值为 10.304,最小值接近于 0.000,说明不同公司的盈余管理程度差异性较大。就不同盈余管理手段而言,应计盈余管理活动程度明显高于真实盈余管理活动程度。控股股东利益输送行为($Tunnel_{i,t}$)平均值为 0.247,最大值高达 239.479,而最小值为 0.000,表明选取的样本公司控股股东利益输送程度差异性较大,而这与公司性质及公司大股东控制情况存在很大关联。

表 4－2　各变量的描述性统计

变量	平均值	最大值	最小值	标准差	观察数
$DAC_{i,t}$	3.364	11 086.06	0.000	11.401	4755
$EM_{i,t}$	0.127	10.304	0.000	0.485	4755
$BC_{i,t}$	0.499	1.000	0.000	0.190	4755
$Tunnel_{i,t}$	0.247	239.479	0.000	0.144	4755
$BC_{i,t} * Tunnel_{i,t}$	0.070	0.9902	0.000	1.324	4755
$Size_{i,t-1}$	20.762	25.632	10.611	13.887	4755
$Growth_{i,t-1}$	0.113	10.189	−0.100	1.435	4755
$BOS_{i,t-1}$	3.983	10.000	1.000	1.902	4755
$CEO_{i,t-1}$	0.050	1.000	0.000	0.593	4755
$LEV_{i,t-1}$	0.834	877.256	−0.195	0.492	4755
$OM_{i,t-1}$	−1.257	181.495	−3453.250	0.265	4755
$Firstholder_{i,t-1}$	36.475	89.410	3.620	1.495	4755
$Suspect_{i,t-1}$	0.128	1.000	0.000	0.000	4755
$TQ_{i,t-1}$	2.687	1736.165	−7.669	23.314	4755

控制变量中如企业规模($Size_{i,t-1}$)的平均值为 20.762,最大值为 25.632,最小值为 10.611,表明样本公司的规模差异较大且不均衡;成长性($Growth_{i,t-1}$)的平均值为 0.113,最大值和最小值分别为 10.189 和 −0.1,表明样本公司整体总资产增长较快,但也存在部分公司成长性水平较低的情况;两职合一($CEO_{i,t-1}$)平均值为 0.050,表明样本公司中董事长和总经理两职是否分离的情况各占一半;资产负债率($LEV_{i,t-1}$)的平均值为 0.834,比以往水平有所提高,说明上市公司的融资方式和能力逐渐多元化,从最大值和最小值来看,我国上市公司的资产负债率水平有较大差异,这可能与我国特殊的所有制制度有关,国企很大程度上不会采取债务融资方式进行融资;股东控制力($Firstholder_{i,t-1}$)最大值高达 89.41,最小值仅为 3.62,表明样本公司中控股股东的差异程度较大,根据 Leech 和 Leahy(1991)的研究表明,若第一大股东持股比例在 25%之上,则说明大股东在公司的表决权争夺中处于优势地位,此时他们对公司的实际操控能力大增,更倾向于获取控制权收益,而样本公司的第一大股东实际控股的均值为 36.475,高于 25%的最低限制;动机需求($Suspect_{i,t-1}$)的均值为 0.128,表明样本公司普遍具有较大的盈余管理动机。

表 4-3 列示了不同经济周期阶段下各相关变量的描述性统计的结果。从表 4-3 可以看出,我国上市公司无论采取何种盈余管理手段($DAC_{i,t}$或 $EM_{i,t}$),在经济上行期的盈余管理平均程度高于经济下行期。且总体来说,上市公司更倾向于使用应计盈余管理手段而非真实盈余管理手段。而经济上行期是控股股东掏空利益输送行为的高发时间段。相对经济下行期,经济上行期时我国上市公司的平均资产负债率($EM_{i,t}$)、盈利能力($OM_{i,t-1}$)较高,这符合正常经济波动预期。然而股东获利能力($TQ_{i,t-1}$)、总资产增长率($Growth_{i,t-1}$)在经济上行期分别为 2.282 和 0.098,小于经济下行期的 7.650 和 0.128,这种逆经济周期情况的存在说明企业很有可能进行了盈余管理活动,使得财务数据披上了美貌的“面纱”,这与第三章反映出的经济下行期盈余管理活动更猖獗这一现象遥相呼应。由此本节再次验证了研究假设 H0a 和 H0b,即经济周期同盈余管理之间存在相关关系,且经济下行期时盈余管理程度大于经济上行期;并初步支持了假设 H1c,经济周期与控股股东利益输送之间存在显著的相关关系,且经济下行期时控股股东利益输送行为少于经济上行期。

(二)回归分析

表 4-4 报告了检验控股股东行为对盈余管理的影响、不同经济周期阶段下控股股东行为对盈余管理过程影响效应的回归结果。

表 4-3 变量描述性统计表

变量	经济上行期				经济下行期			
	平均值	中位数	最大值	最小值	平均值	中位数	最大值	最小值
$DAC_{i,t}$	0.920	0.421	88.041	0.000	5.847	0.394	11 086.06	0.000
$EM_{i,t}$	0.122	0.074	2.605	0.000	0.132	0.076	10.304	0.000
$Tunnel_{i,t}$	0.352	0.194	239.480	0.000	0.140	0.108	0.990	0.000
$BC_{i,t}$	0.000	0.000	0.000	0.000	1.000	1.000	1.000	1.000
$BC_{i,t} * Tunnel_{i,t}$	0.000	0.000	0.000	0.000	0.140	0.108	0.990	0.000
$Size_{i,t-1}$	20.391	20.454	25.119	10.611	21.127	21.261	25.632	9.310
$Growth_{i,t-1}$	0.098	0.062	5.233	−0.100	0.128	0.075	10.189	−0.100
$BOS_{i,t-1}$	4.082	4.000	10.000	1.000	3.884	3.000	9.000	1.000
$CEO_{i,t-1}$	0.048	0.000	1.000	0.000	0.052	0.000	1.000	0.000
$LEV_{i,t-1}$	1.002	0.528	877.256	0.000	0.724	0.544	142.718	−0.195
$OM_{i,t-1}$	−2.501	0.049	181.495	−3453.249	−3.686	0.045	149.119	−9533.09
$Firstholder_{i,t-1}$	38.637	35.700	84.970	6.740	34.290	30.310	89.410	3.620
$Suspect_{i,t-1}$	0.142	0.000	1.000	0.000	0.114	0.000	1.000	0.000
$TQ_{i,t-1}$	2.282	1.169	1660.449	0.000	7.650	1.428	11 665.94	−7.669

根据模型(4-1)的回归结果显示，控股股东利益输送行为($Tunnel_{i,t}$)与应计盈余管理($DAC_{i,t}$)呈显著正相关关系，这与前文的理论分析一致，即上市公司的盈余管理程度随着控股股东利益输送程度的加大而增强，验证了假设 H1a。此外，根据模型(4-2)的回归结果，可以看出控股股东利益输送行为($Tunnel_{i,t}$)也与真实盈余管理($EM_{i,t}$)在1%的水平上呈显著正相关关系，说明上市公司也可能通过真实盈余管理的方式进行利益输送，进一步验证了假设 H1b。因此，模型(4-1)和模型(4-2)最终验证了控股股东利益输送行为与盈余管理呈正相关关系，说明控股股东为满足自身利益需求而实施的利益输送行为会促使他们通过盈余管理来掩盖真实动机及隐藏控制权私有收益。

表 4-4　控股股东利益输送行为与盈余管理的回归结果

变量	模型(4-1)	模型(4-4)	模型(4-2)	模型(4-5)	模型(4-3)
	$DAC_{i,t}$		$EM_{i,t}$		$Tunnel_{i,t}$
$Tunnel_{i,t}$	11.583*** (−3.814)	13.476*** (4.141)	0.013*** (3.581)	0.013*** (4.153)	
$BC_{i,t}$		24.464*** (4.393)		0.043*** (4.998)	−0.139*** (−7.489)
$BC_{i,t}$ * $Tunnel_{i,t}$		−52.353* (−2.530)		−0.105* (−2.142)	
$Size_{i,t-1}$	−20.701*** (−9.913)	−24.636*** (−10.213)	−0.020*** (−8.257)	−0.145*** (−8.864)	0.129*** (4.973)
$Growth_{i,t-1}$	146.650*** (27.892)	146.248*** (27.845)	0.327*** (53.133)	0.424*** (48.492)	0.103*** (3.562)
$BOS_{i,t-1}$	−4.604 (−1.441)	−2.346 (−0.852)	−0.014*** (−3.673)	−0.115* (−2.609)	0.025 (0.984)
$CEO_{i,t-1}$	11.250 (1.279)	10.342 (1.321)	0.010 (0.979)	0.102 (0.563)	−0.135 (−1.349)
$LEV_{i,t-1}$	−4.464*** (−5.280)	−4.456*** (−5.952)	−0.004*** (−3.958)	−0.032*** (3.452)	0.372** (250.372)
$OM_{i,t-1}$	0.848*** (24.300)	0.942*** (23.982)	0.000*** (11.602)	0.000*** (11.490)	−0.003*** (−6.935)
$Firstholder_{i,t-1}$	−0.331 (−1.557)	−0.321 (−0.753)	0.000 (0.448)	0.000 (1.724)	−0.018* (−2.091)
$Suspect_{i,t-1}$	−3.033 (−0.523)	−2.246 (−0.427)	−0.011 (−1.690)	−0.023 (−1.636)	0.209 (0.462)
$TQ_{i,t-1}$	0.770*** (22.876)	0.746*** (22.378)	0.000*** (11.696)	0.000*** (13.624)	−0.038*** (−27.936)
Adjusted R^2	0.285	0.293	0.648	0.619	0.863
N	4755	4755	4755	4755	4755

注：“*”“**”“***”分别表示回归系数在10%、5%、1%置信水平下显著，括号内为t值。

从盈余管理手段权衡角度来看，在模型(4－1)中，控股股东利益输送行为($Tunnel_{i,t}$)与应计盈余管理活动($DAC_{i,t}$)的相关系数为11.583；模型(4－2)中，控股股东利益输送行为($Tunnel_{i,t}$)与真实盈余管理活动($EM_{i,t}$)的相关系数为0.013。即与真实盈余管理行为相比，企业更倾向于通过应计盈余管理活动进行盈余管理。在盈余管理方式的选择上，则主要基于外部监管力度，以及相应盈余管理成本的高低来进行选取。当外部监管力度较大，且企业能承受真实盈余管理所带来的未来经营业绩下滑和长期价值损害时，企业可能更倾向于隐藏性更强的真实盈余管理(廖理、许艳，2005；陆正飞、魏涛，2006)。当外部监管力度较小时，或控股股东需要“快速操作”满足掏空需求时，应计盈余管理则成为企业的最爱(张子余、张天西，2011)。目前我国资本市场尚不成熟，且证券市场也不十分发达，对投资者的保护程度也相对较低，市场监管制度尚未完善，企业(控股股东)进行真实盈余管理所带来的对未来业绩和长期价值造成的负面影响远大于进行应计盈余管理的相关成本(张光荣、曾勇，2006；万丛颖、张楠楠，2013)。因此，我国上市公司的控股股东在进行掏空和调整利润时很大程度上更倾向于操控应计项目进行盈余管理。

根据模型(4－3)回归结果进行分析，经济周期($BC_{i,t}$)的回归系数显著且符号为负，说明经济周期同控股股东利益输送行为之间存在相关关系，控股股东利益输送程度在经济下行期小于经济上行期时的输送程度，假设H1c得到了证实。因此，说明我国上市公司控股股东进行掏空等利益输送行为的高发期在经济上行期，且在不同经济周期阶段下，控股股东利益输送行为存在差异。一方面经济周期波动影响了上市公司经营环境，从而影响公司业绩，控股股东会依据公司实际情况进而产生攫取或支持行为，使利益输送行为程度受到影响；另一方面当经济周期波动影响资本市场波动，市场投资回报率变化时，同时也影响了控股股东利益输送行为的程度。此外，从控制变量的回归系数可以看出，公司规模($Size_{i,t-1}$)及成长性($Growth_{i,t-1}$)与控股股东利益输送行为呈正向变化，即企业公司规模和成长性会加剧控股股东的利益输送动机。

模型(4－4)和模型(4－5)检验了不同经济周期阶段下控股股东行为与盈余管理的关系。根据表4－4所示，控股股东利益输送行为($Tunnel_{i,t}$)均在1%的置信水平上显著为正，说明在样本期间内，经济周期宏观背景下，控股股东利益输送行为与上市公司应计盈余管理和真实盈余管理均存在相关关系，且表明在经济上行期，控股股东利益输送行为与盈余管理存在正相关关系；而交乘项($BC_{i,t} * Tunnel_{i,t}$)的回归系数均在10%的置信水平上显著为负，表明在经济下行期，经济周期波动对控股股东行为影响盈余管理的过程具有负向调节的作用，由控股股东利益输送行为而产生的盈余管理程度减小。同时，从回归系数大小来看，进一步反映出在我国控股股东行为模式普遍通过应计盈余管理活动而非真实盈余管理活动所实现。这与我国资本市场整体监管力度和不同类型盈余管理活动成本的高低有关。这一回归结果正好支持了假设 H1d 和 H1e。当经济周期处于上行期时，资产具有巨大的升值空间，存货价格上升，财务状况良好，企业的成长性和盈利能力也会上升，利润空间扩大，企业经营业绩提升，市场监管者和投资者的容忍度更强。同时，这一时期的货币供应量增大，市场购买力提升，企业产品周转快，容易变现，企业现金流充裕，使控股股东利益输送行为更活跃，进而使得上市公司盈余管理程度加大。控股股东在这一时期通过侵占公司和中小股东的利益所作的再投资，投资收益回报率明显高于将这些充足的资金留在企业运转所得的回报率。因此，控股股东的掏空动机较经济下行期更甚，控股股东的利益输送行为愈加严重。反之，当经济周期处于下行期时，控股股东的掏空动机减弱，导致上市公司的盈余管理程度也随之降低。

(三)稳健性检验

为了检验结果的稳健性，本节进行了控股股东利益输送行为的替代检验，稳健性分析结果如表 4-5 所示。叶康涛等(2007)以第一大股东及其关联方当期占用的其他应收款减去上年的其他应收款，并除以当期期末总资产，以此来衡量大股东“掏空行为”。参照上述做法，笔者重新对控股股东侵占行为进行定义，用第一大股东及其关联方第 t 年占用上市公司的其他应收款减去第 $t-1$ 年占用的其他应收款，除以当期期末总资产，作为衡量控股股东行为的新指标($Tunnel_{i,t}$)，定义中的相关数据来自于 CSMAR 数据。根据上述新的控股股东行为变量重新进行回归分析，实证结果没有发生实质性变化。

表 4-5　稳健性分析结果

变量	模型(4-1)	模型(4-4)	模型(4-2)	模型(4-5)	模型(4-3)
	$DAC_{i,t}$		$EM_{i,t}$		$Tunnel_{i,t}$
$Tunnel_{i,t}$	10.088*** (3.798)	11.423*** (3.430)	−0.007* (−1.711)	−0.001 (−1.234)	
$BC_{i,t}$		14.892*** (2.984)		0.034*** (3.451)	−0.138*** (−6.282)
$BC_{i,t}$ * $Tunnel_{i,t}$		−51.940** (−2.391)		−0.159** (−2.357)	

续表 4-5

变量	模型(4-1)	模型(4-4)	模型(4-2)	模型(4-5)	模型(4-3)
	$DAC_{i,t}$		$EM_{i,t}$		$Tunnel_{i,t}$
$Size_{i,t-1}$	−12.027*** (−10.663)	−11.983*** (−11.093)	−0.024*** (−12.971)	−0.023*** (−11.388)	0.0198*** (2.908)
$Growth_{i,t-1}$	151.599*** (30.443)	152.381*** (32.398)	0.375*** (46.561)	0.289*** (29.893)	0.039 (1.038)
$BOS_{i,t-1}$	0.698 (0.461)	0.892 (0.591)	−0.007** (−3.019)	−0.006** (−2.324)	−0.015 (−0.022)
$CEO_{i,t-1}$	10.110 (1.199)	9.483 (1.389)	0.034** (2.455)	0.044* (2.109)	−0.019 (−0.389)
$LEV_{i,t-1}$	−4.092*** (−5.574)	−4.482*** (−5.928)	0.002** (1.903)	0.019 (1.892)	0.283*** (249.392)
$OM_{i,t-1}$	0.813*** (24.542)	0.798*** (23.937)	0.000 (1.326)	0.001 (1.312)	−0.001*** (−3.801)
$Firstholder_{i,t-1}$	−0.043 (−0.376)	−0.049 (−0.484)	0.000 (1.045)	0.003 (1.190)	−0.012*** (−3.290)
$Suspect_{i,t-1}$	−2.103 (−0.386)	−1.382 (−0.439)	−0.013 (−1.433)	−0.103 (−1.324)	0.051 (1.135)
$TQ_{i,t-1}$	0.819*** (26.337)	0.942*** (23.320)	0.000*** (3.910)	0.002*** (3.092)	−0.022*** (−19.932)
Adjusted R^2	0.279	0.280	0.322	0.314	0.643
F检验	6.077***	6.135***	6.264***	6.189***	6.115***
Durbin-Watson	1.859	1.855	1.858	1.846	1.872
N	4755	4755	4755	4755	4755

注:“*”“**”“***”分别表示回归系数在10%、5%、1%置信水平下显著,括号内为 *t* 值。

通过上述方法进行替代检验和相关调整,笔者发现回归结果并没有显著差异,基本与前文保持一致,从而支持了笔者所提出的相关假设。

第三节 经济周期下机构投资者行为对盈余管理影响的实证研究

本节拟检验在经济周期下机构投资者行为对盈余管理的影响。依据第三章中盈余管理产生的机理分析,笔者首先考察了经济周期波动与盈余管理关系的存在性,其次研究了不同经济周期阶段下控股股东行为对盈余管理的影响,并检验了不同经济周期阶段下控股股东行为影响上市公司盈余管理过程的差异,在探究机构投资者行为对盈余管理的影响过程的基础上,进一步通过实证分析研究经济周期波动情况对上述这一过程的具体影响。

一、理论分析与研究假设

(一)机构投资者行为对盈余管理影响分析与假设

1. 机构投资者对公司治理的影响

会计信息的高质量是完善公司治理的基本保障,提高会计信息的披露程度和信息披露质量是完善公司治理的必然要求(林钟高、吴利娟,2004),而外部机构投资者行为会在一定程度上改变公司的股权结构,也会介入到公司的内部治理中。

机构投资者对公司治理的监督作用主要体现在以下三个层面:

(1)这一监督过程是独立于第三方的利益冲突的体现。

(2)利用自身高比例的规模性投资,机构投资者可以借助多种方法提高监督效率(Allen et al,2000),具备参与上市公司内部治理及监督其行为的能力和资格。国外大量学者也证实机构投资者持股比例同盈余管理负相关,表明在一定层面的机构投资者对公司的盈余管理活动可以起到积极的监督效应(Chung et al,2002),因而进一步证实了机构投资者的这一积极股东行为。

(3)与众多的个人投资者相比,机构投资者具有更强的专业能力,且对披露信息的解读能力更胜一筹(Siregar、Utama,2008)。具体而言,机构投资者能快速地识别出公司会计盈余行为中的可操纵和非操纵部分,更快地发现公司的盈余管理活动,进而借此有效地约束管理层操纵利润的行为。

因而,国内外很多学者慢慢地从代理冲突和公司业绩层面对机构投资者的介入行为,分析机构投资者的公司治理机制。有学者研究发现机构投资者通过公司管理层的影响发挥对公司治理活动的积极效应。也有部分学者通过研究发现,机构投资者的持股行为有利于提升企业的公司业绩(李维安、李滨,2008;傅强、邱建华,2010),但部分学者对此持否定态度(Agrawall et al,1996;Hartzell et al,2003),认为这一持股行为可以通过缓解代理冲突,进一步降低公司的代理成本。总的来说,机构投资者对公司治理的作用机制和具体效果并未得到一致性的结论,但大部分的研究确实证实了机构投资者的持股行为可以起到改善公司治理效果的作用,具体包括提升公司业绩和降低公司的代理成本。然而无法避免的是机构投资者对管理层的监督成本,如信息搜集成本、机会流动性成本和"搭便车"问题(Admati et al,1994)。因而,机构投资者对上市公司的监督作用,主要取决于成本效益之间的博弈。

2. 机构投资者对盈余管理的影响

1)机构投资者持股

国外机构投资者发展历程较长,我国是否也存在机构投资者可以有效抑制公司的盈余管理活动的现象?已有学者研究表明,在研究会计信息的及时性与盈余管理程度关系时,机构投资者持股比例与会计及时性之间呈正相关关系,同操控性应计盈余管理呈负相关关系(程书强,2006),夏冬林和李刚(2008)也证实了该观点。高雷和张杰(2008)通过实证研究证实了机构投资者持股可以提高上市公司的治理水平,进而有效地抑制上市公司的盈余管理。进一步分析认为,机构投资者持股比例会影响对公司的监督效果。当持股比例较小时,机构投资者短期的频繁交易,反而会促进上市公司行为的短期化,以避免机构投资者抛售股票,甚至当机构投资者本身盈利压力较小时,会放松对管理层盈余管理的监督(Cheng et al,2009)。虽然我国关于机构投资者的研究还处于起步阶段,大部分投资者的实际投资理念并不成熟,均以赚取差价为目的,在参与公司治理方面也缺乏一定的积极性,但是随着机构投资者对上市公司持股比例的逐渐增加,诸如机构投资者"见利就收""知难而退"等短视行为引起的相关成本也将进一步增加,与"用脚投票"相比,恰当的伸出"权利之手"不仅会减少部分交易成本,也会在长远利益上得到保证。因而,在这一背景下,随着机构投资者持股比例的增加,这种从消极转向积极的态势会逐渐明显。

总体来说,机构投资者的发展会增大对上市公司的影响。机构投资者基于股票持有,会通过关注和专业的分析公司的经营业绩和盈利而参与到公司治理,达到维护自身收益的目的。尽管机构投资拥有专业优势和规模优势,但仍存在信息不对称现象,因此监控所需的监控成本也是机构投资者影响公司治理、遏制公司盈余管理所需付出的成本。

2)机构投资者监督

机构投资者监督上市会权衡监控的信息成本和自身投资收益,故表现出积极监督和被动投票两种截然不同的态度。积极监督是指投资者以积极的态度参与到公司治理。机构投资者主要采取积极行使投票权、股东提案、反征集活动、法律诉讼等正式行动来制约管理者的行为,控制控股股东和企业经营管理层的盈余操纵行为。被动投票假说是指机构投资者采取消极的方式参与公司的决策及治理,且并未对公司进行监督。机构投资者是否发挥治理效应,进而抑制公司的盈余管理行为,这一抑制过程与机构投资者的持股比例、持股期限、投资动机相关(钱海婷,2009)。实证结果显示投资者的异质性会导致不同投资者的持股行为对公司盈余管理活动的影响产生较大的差异(李世新、宋国玉,2013)。

总之,机构投资者行为与盈余管理存在相关关系。首先,从投资者类型看,相较于易受投资者情绪影响的个人投资者,机构投资者在投资过程中相对理性,但主要原因是资金大多来源于委托人,因此投资决策更为理性和慎重;其次,机构投资者势必会利用自身规模优势、专业优势、信息优势,对经济周期的阶段及其演变趋势进行识别和监测,并据此做出科学的预测和投资决策,使得发挥的治理效应能不同程度地抑制上市公司的盈余管理活动;最后,从投资动机看,若机构投资者持股以长期投资为目的,则会以积极的态度参与到公司治理中,并利用控制权影响公司经营及决策,以"管家"的身份监督公司内部的控制人行为,抑制盈余管理。反之,若机构投资者持股量小,时间短,偏好于短期收益的投机投资,当发现公司业绩下滑时,抛售所持股票的可能性较大,而这种行为势必会造成公司股价波动。这类机构投资者不仅不能抑制盈余管理,反而会造成公司股价波动,甚至会激发上市公司盈余管理动机,影响市场稳定。基于上述分析提出以下假设。

假设 H2a:机构投资者行为与盈余管理存在相关关系;机构投资者持股比例越大,上市公司盈余管理程度越低。

(二)经济周期下机构投资者行为对盈余管理影响分析与假设

结合宏观经济周期来看,机构投资者与上市公司盈余管理程度之间的关系在不同经济周期阶段下显得更为复杂化。基于行为金融学理论,投资者会从宏观经济环境以及中观市场行情和微观的自身投资目的出发,并通过权衡风险与收益、投入和产出,综合加以比较并做出理性的判断(Barber、Odean,2008)。机构投资者在自身投资时,势必会对宏观经济进行预测,来控制资产组合和配置转换。因此,在一定程度上宏观的经济周期波动会对机构投资者投资决策产生影响。

当经济周期处于上行期时,股市短线投机气氛浓厚,此时在机构投资者持股比例较低的情况下，交易成本也会随之降低，则他们会选择抛售股票而寻求更高的短期收益，而这种逐利行为在很大程度上会影响公司股价波动，刺激上市公司更大程度地采取盈余管理行为。而在机构投资者持股比例较高的情况下，并以长期投资为目的时，则能运用这些股权在公司治理和盈余管理方面起到作用。当经济周期处于下行期时，机构投资者由于自身业绩受到影响，经营压力也会增大(范海峰、胡玉明，2013)。此时，不管是以短期投机还是以长期投资为目的的机构投资者，均有可能给管理层造成压力，使得公司盈余管理程度加大。基于上述分析提出以下假设。

假设 H2b:在经济周期下，机构投资者行为与盈余管理存在相关关系；当经济周期处于上行期时，机构投资者持股比例越高，盈余管理程度越小；当经济周期处于下行期时，机构投资者行为对盈余管理的影响会增大，且在机构投资者行为影响盈余管理的过程中，经济周期波动起到了负向调节的作用。

二、研究设计

(一)样本选取与数据来源

本节选择 2003—2013 年间深市 A 股上市公司为研究对象，样本数据主要来自于国泰安数据库(CSMAR)和锐思数据库。本节数据处理过程与上一节类似，首先为保证获得数据的可比性，剔除特殊性行业的公司，如金融、保险行业等；其次，剔除 ST 和 * ST 公司，降低异常值对回归结果的不良影响；再次，剔除样本中财务数据缺失及其他数据异常的公司；然后，对样本数据进行抽查，并将其与证监会披露的信息作比较，提升数据的准确性；最后，同样运用 Winsorize 处理，按年度对各个变量进行处理。最终得到的样本为 439 家上市公司，共 4441 个观测值。

(二)变量定义

1. 机构投资者行为的度量

借鉴吴联生等(2008)、高敬忠等(2011)及杨海燕(2013)的研究方法，为简化模型，方便刻画机构投资者行为，笔者采用持股比例这一指标来衡量机构投资者行为。机构投资者持股的整体比例，即年末机构投资者持有全部股份比例之和(Koh et al,2003)。

2. 经济周期的度量

本节依然采用第三章中的划分方法，将 2003—2007 年、2010 年划分为经济上行期，取值为 0；2008—2009 年、2010—2013 年划分为经济下行期，取值为 1。

3. 控制变量的定义

参照高雷和张杰(2008)、苏冬蔚和林大庞(2010)等研究，本书基于宏观经济视角，分析不同经济周期阶段下，机构投资者行为对盈余管理的影响，并选取第一大股东持股比例、股东大会次数、企业规模、两权偏离程度、盈利能力、资金占用、市场价值、资产负债率、最终控制人性质、业绩水平等因素作为模型的控制变量。各变量的定义如表 4-6 所示。

表 4-6　各变量定义表

变量类型	变量名称	变量符号	定义
被解释变量	盈余管理	$DAC_{i,t}$	可操控性应计利润的绝对值
解释变量	经济周期	$BC_{i,t}$	哑变量，宏观经济处于下行期(2008—2009 年、2011—2013 年)为 1，否则为 0
	机构投资者行为	$INS_{i,t}$	年末机构投资者持股数/总股数
	交乘项	$BC_{i,t} * INS_{i,t}$	$INS_{i,t}$ 与 $BC_{i,t}$ 的交乘项
控制变量	第一大股东持股比例	$Firstholder_{i,t-1}$	第一大股东持股股数/总股数
	股东大会次数	$MO_{i,t-1}$	股东大会会议次数
	企业规模	$Size_{i,t-1}$	期末总资产的自然对数
	两权偏离程度	$DEV_{i,t}$	控制权比例/现金流权比例
	盈利能力	$OM_{i,t-1}$	营业利润/营业收入
	资金占用	$Occupy_{i,t-1}$	其他应收款/总资产
	市场价值	$Value_{i,t}$	股权市值＋净债务市值
	资产负债率	$LEV_{i,t-1}$	期末总负债/期末总资产
	最终控制人性质	$State_{i,t-1}$	哑变量。国有设为 1，非国有设为 0
	业绩水平	$TQ_{i,t-1}$	市场价值/账面价值
	行业虚拟变量	$Industry_{i,t-1}$	以工业为基准行业，设置八个行业虚拟变量

(1)第一大股东持股比例(Firstholder)：样本上市公司年度最终控制人的持

股比例。该指标衡量最终控制人通过控制权进行盈余管理,获取更多收益的动机与能力(连燕玲等,2012)。

(2)股东大会次数(MO):会议次数的多少通常反映了公司股东参与经营管理和决策的积极性,直接影响到公司的治理水平。

(3)企业规模(Size):李增福和周婷(2013)通过研究认为,公司规模将影响企业盈余管理活动,企业规模同上市公司应计盈余管理活动呈反向关系,同真实盈余管理活动呈正向关系。基于此,笔者参考苏冬蔚和林大庞(2010)、李增福和周婷(2013)的研究思路,通过公司年末总资产对数测量公司规模。

(4)两权偏离程度(DEV):指控股股东控制权和现金流权偏离度。高燕(2008)指出盈余管理程度受到上市公司现金流权与控制权分离程度的影响,两者呈倒U型关系。

(5)盈利能力(OM):胡华夏等(2014)实证得出公司盈利能力同现金持有量呈正相关关系,而现金流量同公司盈余管理活动息息相关(高燕,2008)。因此,笔者参考郑琦和陈鹄飞(2009)的做法,将公司当期的营业利润率作为衡量公司的盈利能力的指标。

(6)资金占用(Occupy):高雷和张杰(2009)指出,公司治理水平较高的上市公司其控股股东占用资金少,资金占用的强度与盈余管理程度呈正相关关系。机构投资者的治理效应能否发挥,很大程度上取决于他们对控股股东侵占行为的约束作用。

(7)市场价值(Value):Chung 和 Pruitt(1994)用股票总市值加总负债代表公司市值,实现公司市场价值最大化是盈余管理的根本目的。

(8)资产负债率(LEV):企业的负债对治理层存在相关作用,一定程度的负债水平对公司管理层可以起到"控制效应"(蔡吉甫,2009)。

(9)最终实际控制人性质(State):考虑到我国特殊的制度背景,将其划分为国有和非国有,其中国有设为1,非国有设为0,即虚拟变量。

(10)业绩水平(TQ):张祥建和郭岚(2007)实证认为公司股东获利能力同盈余管理程度呈正比。笔者参考孟焰和张秀梅(2006)的做法,选取公司当年托宾Q值度量股东获利能力。托宾Q值越大,公司股东获利能力越强,则进行盈余管理的动机越大。

(三)模型设计

为了验证假设 H2a 和 H2b,研究经济周期下机构投资者行为对盈余管理的影响,构建以下两个模型:

$$DAC_{i,t} = a_0 + a_1 INS_{i,t} + a_2 Size_{i,t-1} + a_3 LEV_{i,t-1} + a_4 ROA_{i,t-1} + a_5 Firstholder_{i,t-1}$$

$$+a_6 \text{Occupy}_{i,t-1} + a_7 \text{State}_{i,t-1} + a_8 \text{DEV}_{i,t} + a_9 \text{MO}_{i,t-1} + a_{10} \text{Value}_{i,t-1} + a_{11} \text{TQ}_{i,t-1} + a_{12} \sum \text{Industry}_{i,t-1} + \varepsilon_{i,t-1} \tag{4-6}$$

$$\text{DAC}_{i,t} = a_0 + a_1 \text{BC}_{i,t} + a_2 \text{INS}_{i,t} + a_3 \text{BC}_{i,t} * \text{INS}_{i,t} + a_4 \text{Size}_{i,t-1} + a_5 \text{LEV}_{i,t-1} + a_6 \text{ROA}_{i,t-1} + a_7 \text{Firstholder}_{i,t-1} + a_8 \text{Occupy}_{i,t-1} + a_9 \text{State}_{i,t-1} + a_{10} \text{DEV}_{i,t-1} + a_{11} \text{MO}_{i,t-1} + a_{12} \text{Value}_{i,t-1} + a_{13} \text{TQ}_{i,t-1} + a_{14} \text{Industry}_{i,t-1} + \varepsilon_{i,t-1} \tag{4-7}$$

式中：$BC_{i,t}$、$INS_{i,t}$、$BC_{i,t} * INS_{i,t}$为解释变量；其余为控制变量。通过考察模型（4-6）中机构投资者行为（$INS_{i,t}$）的系数，验证假设 H2a。若机构投资者行为（$INS_{i,t}$）的回归系数显著为正，则表明机构投资的持股行为不能有效地抑制企业的盈余管理行为；反之，若该回归系数显著为负，则表明机构投资者持股比例越高，越能积极地参与企业的公司治理，并监督管理层的行为，从而降低企业的盈余管理程度，验证了假设 H2a。为了验证不同经济周期阶段下机构投资者行为对盈余管理的影响，本节运用多元回归分析方法，在模型（4-6）的基础上加入了经济周期与机构投资者行为交乘项（$BC_{i,t} * INS_{i,t}$），进一步研究不同经济周期阶段下，机构投资者行为对公司盈余管理程度影响的变化，并通过考察模型（4-7）中经济周期与机构投资者行为交乘项（$BC_{i,t} * INS_{i,t}$）的系数，验证假设 H2b。根据前文检验假设 H1a 的结果，笔者预测该回归模型中经济周期（$BC_{i,t}$）的系数仍显著为正，即经济下行期时，盈余管理程度在一定程度上小于经济周期上行期；若机构投资者行为（$INS_{i,t}$）系数显著正，则说明在经济上行期，机构投资者行为对盈余管理具有正向影响，不支持假设 H2b，反之表示为支持；若经济周期与机构投资者行为交乘项（$BC_{i,t} * INS_{i,t}$）的系数显著为正，则说明经济下行期时，机构投资者行为与上市公司盈余管理程度呈正相关关系，即在投资者交易行为影响盈余管理程度的过程中，经济周期波动能够起到正向调节的作用，不支持假设 H2b，反之表示为支持。

三、实证结果分析

（一）描述性统计

表 4-7 显示了模型（4-6）、（4-7）中相关变量的描述性统计的结果。从样本公司盈余管理程度（$DAC_{i,t}$）的统计结果来看，最大值为 121.586、最小值仅为 0.000，充分说明样本公司进行盈余管理活动的差异较大，在公司的选取上具有代表性。机构投资平均持股比例为 17.71%，与国外相比，我国机构投资者的规模处于较小的发展水平。从个别公司来比较，机构投资者持股比例最高达

89.410%，最低仅为3.620，说明不同上市公司的机构投资持股比例存在较大差异。从各个控制变量的描述统计可以看出，样本公司的规模、资产负债率、盈利能力、第一大股东持股比例、资金占用及股东获利能力都存在很大的差别，特别是资金占用和第一大股东持股比例，最大值和最小值落差极大，说明不同公司被大股东控制的程度存在较大差异，且样本公司具有较好的代表性。此外，两权偏离度($DEV_{i,t-1}$)最小值为0.020，平均值为0.786，说明样本公司的现金流权和控制权发生偏离的程度较大，最终控股股东的控制权则在一定程度上较为集中。

表4-7　各变量的描述性统计

变量	平均值	最大值	最小值	标准差	观察数
$DAC_{i,t}$	1.5115	121.586	0.000	11.400	4441
$BC_{i,t}$	0.376	1.000	0.000	0.484	4441
$INS_{i,t}$	0.177	0.900	0.000	0.189	4441
$BC_{i,t} * INS_{i,t}$	0.0678	0.882	0.000	0.144	4441
$Size_{i,t-1}$	21.397	26.660	10.842	1.323	4441
$LEV_{i,t-1}$	1.003	877.255	0.000	13.886	4441
$OM_{i,t-1}$	−1.257	181.495	−3453.250	0.265	4441
$Firstholder_{i,t-1}$	35.608	89.410	3.620	15.901	4441
$Occupy_{i,t-1}$	−0.089	165.5604	−135.998	3.931	4441
$State_{i,t-1}$	0.587	1.000	0.000	0.492	4441
$DEV_{i,t-1}$	0.786	1.000	0.020	0.264	4441
$MO_{i,t-1}$	2.746	14.000	0.000	1.494	4441
$Value_{i,t-1}$	8.550	4.020	0.000	1.830	4441
$TQ_{i,t-1}$	1.923	149.121	0.440	23.314	4441

（二）回归分析

表4-8报告了检验机构投资者对盈余管理的影响结果，以及在不同经济周期阶段下对该过程的影响效应的回归结果。从检验结果可以看出，本节研究的样本量为4441个，共有10个控制变量指标。从样本量与解释变量个数的比例来看，存在400倍的差距。从显著性检验结果来看，p值在0.0001以下，因而说明本节设定的模型及回归结果均有效。

表 4-8 经济周期下机构投资者行为影响盈余管理的回归结果

变量	模型(4-16)	模型(4-17)
常数项	134.253 (23.066)	129.821 (22.346)
$INS_{i,t}$	−2.411** (−2.414)	−1.024 (−0.88)
$BC_{i,t}$		3.423*** (7.299)
$BC_{i,t} * INS_{i,t}$		−3.441** (−2.156)
$Size_{i,t-1}$	−6.202*** (−25.398)	−6.521*** (−26.372)
$LEV_{i,t-1}$	−0.005 (−0.499)	−0.009 (−0.826)
$ROA_{i,t-1}$	2.566*** (24.800)	2.550*** (24.816)
$Firstholder_{i,t-1}$	0.115*** (6.513)	0.141*** (7.861)
$Occupy_{i,t-1}$	0.047 (1.051)	0.050 (1.125)
$State_{i,t-1}$	0.714 (1.249)	0.736 (1.296)
$DEV_{i,t-1}$	−1.896** (−2.051)	−1.626** (−1.770)
$MO_{i,t-1}$	−0.594*** (−5.297)	0.440*** (3.884)
$Value_{i,t-1}$	0.000*** (11.207)	0.000*** (10.246)
$TQ_{i,t-1}$	−0.004*** (−6.158)	−0.004*** (−6.389)
Adjusted R^2	0.343	0.352
F 检验	6.077***	6.260***
Durbin - Watson	1.858	1.860
N	4 441	4 441

注:“*”“**”“***”分别表示回归系数在10%、5%、1%置信水平下显著,括号内为 t 值。

根据模型(4-6)的回归结果显示,机构投资者持股行为对盈余管理具有负向影响,说明盈余管理程度会随着机构投资者持股比例的增加而减小。假设H2a得到了证实。这表明从整体机构投资者行为角度出发,机构投资者行为对上市公司盈余管理具有抑制作用。

模型(4-7)的回归结果显示,机构投资者行为($INS_{i,t}$)的回归系数为-1.024,但未通过t检验。而结合模型(4-6)的检验结果来看,在经济周期波动作用下,机构投资者行为与盈余管理的关系并不显著。一方面,很大程度上是由于在经济周期波动的影响下,机构投资者的投资预期、投资决策、持股动机和具体持股期限等都会相应地发生变化,最终使其对盈余管理的影响程度发生变化。有学者指出通过确定机构投资者的持股期限,能够判断机构投资者的投资动机。当持股期限较长,则说明是以长期投资为目的的投资,该类机构投资者参与治理的动机更为强烈,他们能够通过参与公司经营、决策从而达到抑制盈余管理的目的。反之,以短期利益为目标的持股行为,则会加大管理层进行盈余管理的动机。另一方面,笔者从整体机构投资者行为角度研究,在一定程度上,忽视了机构投资者的异质性。而机构投资者对企业管理层的经营管理具有监督作用,能对盈余管理起到约束作用,在一定程度上取决于机构投资者的类型。从经济周期与机构投资者交乘项($BC_{i,t} * INS_{i,t}$)的回归结果来看,系数在10%的置信水平下显著为负,说明经济周期对机构投资者行为影响盈余管理的过程起到了负向调节作用,假设H2b得到了证实。

在模型(4-6)和模型(4-7)中,控制变量的回归结果基本一致。其中,公司规模的回归系数在1%的置信水平下显著为负,与大多数实证研究的结果较为一致。李增福等(2013)指出相对于小公司来说,公司的规模越大,应计盈余管理会越低。资产负债率、资金占用及最终控制人性质的回归结果不显著,这个结果与其他学者研究后得出的结论有所差异,差异可能是由于他们与机构投资者行为的关联度不大所造成的。因为无论资产负债率、资金占用情况及最终控制人性质是否与盈余管理相关,都是由公司性质和控股情况来决定,与机构投资者对公司是否起到监督和治理作用影响不大,因此三者对盈余管理的影响不显著也是情有可原的。盈利能力的回归系数显著为正,说明盈利能力越强的公司更容易进行盈余管理;第一大股东持股比例的回归系数也显著为正,这是因为股东对公司的控制能力越强,越可能通过各种手段操纵企业的盈余;同理,两权偏离度的回归系数显著为负,即终极股东的两权偏离度越高,企业进行盈余管理的难度越大(纪君、曹一,2009);股东大会次数的回归系数也显著为负,说明股东大会会议次数与盈余管理程度负相关,由于股东大会次数在一定程度上反映了公司治理水平,且股东参与度越高,越能约束企业的盈余管理行为;公司业绩的回归系数显著为负，表明公司业绩越高，进行盈余管理的动机越小。

（三）稳健性检验

为验证实证结果的稳健性，笔者借鉴薄仙慧和吴联生（2009）的研究，考虑到锐思数据中机构投资者 2003 年第三季度的持股数据大量缺失，因此选择以机构投资者第二季度持股数据作为机构投资者行为的替代变量。

选择第二季度数据主要出于以下考虑：一是由于我国机构投资者的持股特征通常表现为期限短，而机构投资者参与公司治理需要时间，因此治理效应存在一定的滞后性，吴先聪（2012）指出机构投资者为两个季度，如果使用以一年期作为考察数据的标准，很难掌握机构投资者的股票抛售行为，也很难衡量具体持股比例的变动情况；二是通过错开解释变量与被解释变动时间点能够避免内生性；三是由于企业生产经营活动的不可预见性，管理层往往会在第四季度利用盈余管理美化财务数据。因此，采用第二季度数据衡量机构投资者行为，检验不同经济周期阶段下机构投资者行为能否对第四季度盈余管理行为产生影响，对于分析不同经济周期阶段下机构投资者行为的治理效应具有重要意义，回归结果如表 4－9 所示。

表 4－9 稳健性分析结果

变量	$DAC_{i,t}$	$DAC_{i,t}$
常数项	136.480 (23.397)	133.373 (22.867)
$INS_{i,t}$	−3.891*** (−3.969)	−1.586** (−2.930)
$BC_{i,t}$		3.546*** (7.713)
$BC_{i,t} * INS_{i,t}$		−4.671*** (−2.929)
$Size_{i,t-1}$	−6.244*** (−25.587)	−6.580*** (−26.669)
$LEV_{i,t-1}$	−0.005 (−0.487)	−0.009 (−0.832)
$ROA_{i,t-1}$	2.569*** (24.832)	2.552*** (24.837)

续表 4－9

变量	$DAC_{i,t}$	$DAC_{i,t}$
$Firstholder_{i,t-1}$	0.114*** (6.409)	0.1392*** (7.743)
$Occupy_{i,t-1}$	0.042 (0.941)	0.736 (1.295)
$State_{i,t-1}$	0.699 (1.221)	0.737 (1.296)
$DEV_{i,t-1}$	－1.895** (－2.043)	－1.647** (－1.788)
$MO_{i,t-1}$	－0.590*** (－5.258)	0.438*** (3.864)
$Value_{i,t-1}$	0.000*** (11.424)	0.000*** (10.458)
$TQ_{i,t-1}$	－0.004*** (－6.264)	－0.004*** (－6.460)
Adjusted R^2	0.344	0.354
F 检验	6.097***	6.293***
Durbin－Watson	1.866	1.871
N	4429	4429

注："*""**""***"分别表示回归系数在10%、5%、1%置信水平下显著，括号内为 t 值。

可以发现，用第二季度持股数据进行回归，主要的结论没有实质性的差异。机构投资者行为与公司盈余管理这一回归结果表明两者关系更加显著，从而进一步说明机构投资者行为的抑制效应，验证了机构投资者行为与盈余管理之间的关系。而在加入经济周期变量后，机构投资者行为及经济周期与机构投资者行为交乘项均在1%的置信水平显著为负，进一步说明经济周期对机构投资者行为影响盈余管理的过程具有负向调节作用。

本章小结

本章分析了经济周期下控股股东利益输送行为、机构投资者持股行为对盈余管理的具体的影响路径。在此基础上，结合宏观经济周期的影响，进一步实证检验了不同经济周期阶段下控股股东行为、机构投资者持股行为对盈余管理的影响。通过本章的实证研究可以得出以下结论：

(1)从控股股东行为出发，以 2003—2013 年深市 A 股 442 家上市公司为研究样本，从应计盈余管理和真实盈余管理两个方面，检验了控股股东利益输送行为与盈余管理活动程度的关系，以及经济周期对控股股东利益输送行为的影响，并验证了经济周期下控股股东行为与盈余管理的关系及不同经济周期阶段下控股股东利益输送行为影响盈余管理的差异性。检验结果表明：控股股东利益输送行为与上市公司盈余管理正相关，经济上行期时控股股东利益输送行为较经济下行期时更为频繁，不同经济周期阶段下控股股东利益输送行为对盈余管理影响程度不同。

(2)从机构投资者行为出发，以 2003—2013 年深市 A 股 439 家上市公司为研究样本，并结合经济周期波动，检验了经济周期波动对机构投资者行为产生影响，从而影响到盈余管理程度的效应。检验结果表明：机构投资者行为与上市公司盈余管理负相关，经济周期波动弱化了机构投资者行为对盈余管理的负向影响，经济周期波动对机构投资者行为影响盈余管理的过程具有负向调节作用。

第五章　经济周期下盈余管理影响资本市场及传导扩散的实证研究

第一节　经济周期下盈余管理对投资者情绪影响的机理分析

一、盈余管理对投资者情绪影响的机理分析

(一)盈余管理迎合投资者情绪

上市公司经营者(代理人)与投资者(委托人)之间普遍存在委托代理问题,薪酬契约在一定程度上可以缓解该问题。但是由于薪酬契约通常存在不完全性,同时会计盈余常常被作为代理人绩效考核的重要标准,因此,在特殊情况下,经营者很可能为实现自身利益最大化,而采取迎合投资者喜怒哀乐情绪进行向上或向下的盈余管理手段操纵会计盈余(Healy,1995)。投资者情绪是投资者在投资过程中对未来预期的系统性偏差,是投资期望值高于或低于股票实际值的偏离程度。投资者通常对不确定的项目进行投资分析时表现出过度自信,导致对未来过于乐观,进而产生过激的投资行为。相反,负向的认知偏差会使投资者过度悲观,致使他们在投资决策时过于保守(De Bondt 、Thaler,1995)。认知偏差引发的投资者乐观或悲观情绪会进一步升级为后续的多头或空头行为,从而使投资者情绪不断升级。

由于投资者存在非理性行为,容易受到外界因素的影响,因此,公司管理者在股价低迷时,利用盈余管理手段粉饰报表,造成股票虚增的假象来迎合投资者,使得股价的走势一路飙升,让投资者做出有利于公司的投资决策。众多学者根据我国上市公司的经验数据,都证明了投资者情绪对上市公司股价的影响。此外,股权结构、信息披露以及盈余管理等方面也会对投资者决策产生重要影

响。因此，在信息不对称的情况下，市场的不确定程度并不会有所好转，投资者情绪普遍不高，进而对上市公司的市场定价产生影响。

(二)投资者情绪影响盈余期望

盈余信息质量直接决定了投资者与经营者之间的信息传递质量，进一步提高了信息透明度，为投资者了解企业的真实情况和做出投资决策提供保障。但事实上，经营者为满足投资者盈余预期，不仅不愿意披露高质量的盈余管理，更可能会为了自身需要或者公司经营发展需要，美化财务报表，从而迎合投资者的情感心理、风险投资偏好。如在股市平静时期，盈余管理会按照利于投资决策的方向让股价波动影响投资者情绪(谭跃、夏芳，2011)。在牛市中，投资者乐观情绪对会计盈余预期较高，经营者通过向上的盈余管理赢得投资者对盈余增长的赞许，满足了乐观情绪，最终实现管理经营层自身利益最大化。同理，在熊市中，经营者通过向下的盈余管理迎合投资者的悲观预期，从而获得投资者对会计稳健的美誉来实现自身利益最大化。但是，过度迎合投资者的盈余预期反过来又会给上市公司经营者造成很大压力。从投资者的情感心理角度分析，经营者大多的薪酬契约是以会计盈余作为业绩考核指标，即经营者薪酬与会计盈余成正比。牛市中，投资者普遍没有亏损的现象，一般都有一定的投资收益，此时因适当的向上盈余管理而增加的薪酬，不易招致投资者反感。熊市中投资者输得惨不忍睹，心情当然沮丧，识时务的经营者主动低估会计盈余，降低薪酬和奖金，既显示了与投资者共度时艰的义气，又能先隐藏低估的会计盈余留置下一轮牛市中释放，从而弥补熊市中的薪酬损失，此乃先苦后甜也。

大多数投资者的风险投资偏好为牛市重势，熊市重质。相比于熊市的风险厌恶投资偏好，多数投资者的心态在牛市时属于风险偏好型，投资者乐观的情绪会增加他们对盈余管理的容忍度，甚至忽视低质量的会计盈余，即使是由于经营者选择激进的会计政策而高估的会计盈余。相比于真实的会计盈余，此时投资者更愿意也更期待看到符合牛市的高会计盈余的预期，同时牛市里的股权融资也会受益于被高估的会计盈余。熊市中多数投资者的心态属风险厌恶型，投资者因为“熊市重质”偏好更愿意和期待接受更稳健的盈余管理，此时经营者更倾向选择保守的会计政策来低估会计盈余，低迷股市表现促使风险厌恶投资者转向债权融资而增加现金流，经营者则可以利用自由现金流牟取私利。

二、不同经济周期阶段下盈余管理对投资者情绪的影响机理分析

(一)投资者情绪影响投资决策

投资者的特征在于能够根据已得的信息自行做出决策。若投资者对一个公司的发展前景有信心,便会持续关注该公司的经济发展动态,当投资者认为该公司能够满足自己的投资期望时,就会购买该公司的股票,公司股票进而上涨,这体现出投资者行为对资本市场的影响力。通常理性的投资者在获得收益最大化的投资决策前,会分析问题、搜索信息、比较和评价方案,最终执行最优方案。决策过程中,搜索信息至关重要。但是任何人都不可能时时刻刻保持理性决策,都会受到情绪的影响。同样,投资者行为会受极端悲观或乐观情绪的影响。当投资者情绪汇集到一定程度,并形成市场情绪时,市场所表现的思想及行为会相互影响,并在投资者中传染扩散,形成"羊群效应",使得投资者行为的活跃度扩大或缩小,进一步对资本市场产生影响。图 5-1 为经济周期下盈余管理对投资者情绪的影响路径。

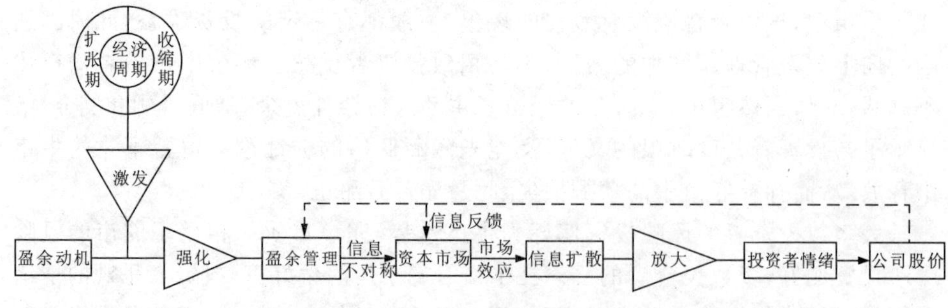

图 5-1 经济周期下盈余管理对投资者情绪的影响路径

(二)投资者情绪随经济周期波动

投资者情绪周期理论显示,投资者的情绪会随着经济周期阶段的变化而变化。一方面,经济周期性会冲击公司的日常经营,从而增加盈余管理动机;另一方面,经济周期会作为投资者情绪的"放大镜",因不确定性和不对称信息之间的相互作用,扩大金融约束对经济周期波动的冲击,进而影响投资者情绪,而基于盈余管理信息决策的投资者又会受到投资者情绪的影响。

在市场平静时期,金融市场现象的复杂情况用信息不对称理论来解释比较合理,即上市公司管理人员通过盈余管理向外传达公司的经营状况,以此来影响

投资者情绪，投资者情绪在决策行为后作用到股价上，而动荡时期（Turbulent Periods）金融市场中大部分的决策行为是未来不确定性引起的，即盈余管理操纵股价与投资的关系。在市场极度不稳定时期，未来的极度不确定性会使得经济个体的非理性行为更加严峻，不理性的行为通过投资者情绪隐射到股价。简而言之，当股价被严重高估时，管理者没有进一步向上进行盈余管理的动机，这是因为投资者的情绪乐观高涨，即使向下盈余管理对前期的操纵进行修补，股价也不会因此发生大的波动；而当股价已经低到无法估计时，投资者情绪通常也会跌入谷底，即使管理者进一步向下盈余管理为以后的业绩作铺垫，对股价也不会使有太大反应。

另外，众所周知，熊市周期中情绪沮丧的投资者多对盈余预期悲观，而牛市周期的情绪亢奋的投资者，更偏好持有乐观的盈余预期。因此，投资者情绪波动与股市周期性的一致，意味着会计盈余波动周期与投资者情绪波动同样是保持了周期性一致。上市公司经营者（代理人）在熊市中通过盈余管理低估会计盈余是为了迎合投资者（委托人）过度悲观的情绪和盈余预期，在牛市中通过盈余管理高估会计盈余是为了迎合投资者（委托人）过度乐观的情绪和盈余预期。

（三）经济周期波动影响盈余管理

以经济周期波动为背景来看，当经济周期处于上行期时，经济形势一片大好，投资者觉得未来投资收益比较高，投资情绪乐观。此时，大多数投资者不会追求无风险、低收益的安全项目，反而高收益、高风险的项目才是他们选择的投资对象。因此，上市公司管理人员使用激进的会计政策，导致会计盈余被高估。投资者此时不会过多关注企业是否进行盈余管理，由于追求更高的收益，在较强的风险环境下对信息质量的容忍度较高。当经济周期处于下行期时，宏观经济发展前景不大好，公司对外部的投融资需求加大。因此，必须提高投资者对企业价值认知和判断的准确度，通过较高水平的信息披露来减少投资者与公司管理者之间的信息不对称，以此给予投资者信心，增强投资者对公司的信任程度。

第二节　经济周期下盈余管理对投资者情绪影响的实证检验

一、理论分析与研究假设

（一）盈余管理对投资者情绪影响分析与假设

投资者情绪是反映投资者预期的指标，反映了投资者心理偏好对投资决策的影响。根据行为金融学的理论,投资者个体完全理性状态是非现实的,他们的投资决策行为会受到自身偏好、情感和认知等心理因素的影响。当外部市场信息不确定时,他们往往会根据偏好来进行分析,推断结果,采取行动,进而影响公司市场价值和投融资渠道。这种认知偏差和情绪偏差会对投资者的决策产生影响,进而影响企业微观行为。

随着国内外学者对投资者情绪认知过程的不断深化,投资者情绪对资本市场的作业机理分析逐渐清晰化。张庆和朱迪星(2014)认为,当投资者与被投资者存在信息不对称时,投资者获得信息的渠道和获得信息的质量都难以得到保障,管理者极易通过盈余管理手段来提高股票的发行价格,进而误导投资者进行投资。在R&D(研究与开发)投入或换手率较高的企业中,非正常投资与可操控性应计额正相关,且更加显著。此外,在通胀预期条件下,投资者情绪及其投资行为也会对资产定价产生一定的影响,并且会引发市场过度投机和资产价格非理性膨胀(张宗新、朱伟骅,2010)。

由此可知,一方面,管理层自身需求或公司发展需求会通过盈余管理迎合投资者情绪;另一方面,市场操纵者和公司控股股东及管理层均可能通过盈余管理影响投资者决策和股价,进而影响融资成本。因此,上市公司盈余管理信息会对投资者情绪产生影响,基于上述分析提出以下假设。

假设H3a:盈余管理与投资者情绪正相关,盈余管理程度越大,投资者情绪越高涨。

(二)经济周期对投资者情绪影响分析与假设

人在不同心理状态下又会做出不同的决策(Nofsinger,2009),同时,投资者的行为会受到经济周期变化的影响,如放大、传播、改变情绪等。经济周期的波动影响投资者的主观情绪,这必然导致投资者心理发生偏差(张荣武等,2011)。而经济周期作为基本的宏观经济信息,其波动会影响投资者心理及情绪。在经济周期波动的作用下,投资者对未来的前景会表现出不同的倾向,即投资者会对公司股价持有乐观或悲观的态度。

从投资者角度来看,投资者往往认为只有在经济周期的上行阶段,我国的股市才能从真正意义上进入稳定上升且后劲十足的时期,即持续发展的“牛市”阶段。该阶段中,投资者根据宏观经济的走势,在积极乐观的投资氛围中,通过对私人信息进行加工,对市场的预期投资回报率较高。此时投资者更偏好采取积极的投资行为,大量买入股票,从而换手率、股价被抬高(Brown、Cliff,2005)。相反,当经济周期处于下行期时,投资者对经济形势的心理预期较低,基于价值函数角度,投资者偏好风险规避,会认为自己面临的不确定性和风险增大,从而大量抛售手中持有的股票，使得股市的成交量下降，换手率也相应下降(李玉龙，1991)。

从上市公司角度来看，当经济周期处于上行期时，投资者对股市看好，投资心理预期增高，情绪过度高涨，交易活跃度增大，使得上市公司股价虚增，融资成本降低。同时，公司为满足投资者心理预期，盈余动机加大，盈余管理程度也会相应增大。当经济周期处于下行期时，投资者对股市不看好，为避免投资风险，投资者交易行为的活跃度降低，而上市公司出于经营压力或融资压力，为吸引投资，盈余动机也加大，即盈余管理程度也可能随之增大。基于上述分析提出以下假设。

假设 H3b：相较于经济上行期，投资者情绪在经济下行期时更为低落。

(三)经济周期下盈余管理对投资者情绪影响分析与假设

根据金融投资学的理论，人们在投资活动中基于理性或非理性会产生不同的投资者情绪，进而会对证券市场价格及其波动性产生影响。个体投资者在投资决策中的后悔情绪及相关因素，以及信息不确定而造成投资者心理偏差均会影响投资者情绪，进而影响投资者决策及行为。而宏观经济周期必然会影响投资者自身的财富，且会对投资主体心理预期产生影响(张荣武等，2013)。

受宏观经济周期波动的影响，投资者的个人财富会相应地增加或减少，导致投资者情绪随之波动，而当市场波动剧烈时，上市公司管理者利用盈余管理很难影响投资者情绪(易志高、茅宁，2009)。当经济周期处于上行期时，投资者由于个人财富的增加，看好股票市场，情绪上升并对未来收益的预期升高，更愿意把多余的资金投入到资本市场，因而盈余管理信息对投资者情绪影响较强；而在经济下行期，由于经营业绩下滑，投资者对市场信心不足，情绪低迷并对股市持观望态度，使得盈余管理信息对投资者情绪的影响减弱。

综合上述观点，本书认为投资者情绪是各种经济变量共同作用下投资者主观意识的表现形式，且受盈余管理信息的影响，在不同宏观经济周期阶段下，影响程度存在差异。盈余管理信息作为影响投资者情绪的必要条件之一，协同宏观经济周期波动的作用，影响投资者决策及行为，且最终能够转化为左右市场的力量。基于上述分析提出以下假设。

假设 H3c：在经济上行期，盈余管理信息对投资者情绪影响显著；在经济下行期，盈余管理信息对投资者情绪影响不显著。

二、研究设计

(一)样本选取与数据来源

本节以深沪两市 2003－2013 年的 A 股上市公司为研究样本，并根据以下原则进行筛选：①剔除金融、保险类的上市公司；②剔除被 ST、PT 的上市公司；③剔除当年 IPO 的上市公司；④剔除信息披露不充分或相关指标缺少的上市公司。此外，为了避免极端值的影响，在数据处理过程中，对连续变量按年度进行了 Winsorize 处理。由于投资者情绪是半年期的动量指标，故本节的数据均采用半年期计算，其中包括经济周期、盈余管理、投资者行为及其他控制变量。本节的财务数据来源于国泰安数据库，其他宏观经济指标来自《中国统计年鉴2013》以及国家统计局公布的相关数据，个别缺失数据通过查阅上市公司年报手工获得。根据数据选择原则，本书得到的是 2003－2013 年的非平衡面板数据，共计公司样本数为 1 015 家，观测值为 27 354 个。

(二)变量定义

1. 投资者情绪的度量

目前已有的度量投资者情绪的指标包括两类：一类是以市场情绪为基础，而另一类则是以个股情绪为基础。其中，以市场情绪为基础的指标存在显性和隐性之分，即直接指标和间接指标。本节借鉴了国外学者 Fama(1998)的研究方法，以股票收益为投资者情绪的代理变量，并参考国内其他学者的做法，以半年期股票收益动量为投资者情绪的替代变量。在处理股票月度收益数据时，本节利用 2002 年至 2013 年考虑现金红利再投资的个股月回报率来度量投资者情绪，具体公式如下：

$$\text{Minmentum}_{1-6} = \sum_{i=1}^{6} R_{i,t}$$

式中：t 表示年份；i 表示月份。

2. 盈余管理的度量

我国上市公司在选取盈余管理手段时，会根据市场监管力度、未来损益、违规成本等因素进行综合考虑和抉择。为了系统地探究经济周期对盈余管理的溢出效应，本节选取应计盈余管理对上市公司盈余管理活动进行度量，应计盈余管理的计算方法参见第三章。

3. 经济周期的度量

本节依然采用第三章的经济周期的划分方法，将 2003－2007 年、2010 年划分为经济上行期，取值为 0；2008－2009 年、2010－2013 年划分为经济下行期，取值为 1。

4. 控制变量的定义

(1)公司规模(Size)：李增福和周婷(2013)通过研究认为，公司规模将影响企业盈余管理活动，企业规模同上市公司应计盈余管理活动呈反向关系，同真实盈余管理活动呈正向关。基于此，本节以上市公司年末资产的自然对数来衡量公司规模。

(2)资产负债率(LEV)：吴晓辉(2012)认为，企业负债存在一定的治理效应，合理的杠杆结构能够对管理者起到“控制效应”，基于此，本节用资产负债率进行测量。

(3)总资产增长率(Growth)：反映企业本期资产规模的增长情况，资产是企业用于取得收入的资源，也是企业偿还债务的保障，用总资产增长率进行测量，即企业本年度总资产增长额同年初资产总额的比率。

(4)总资产净利率(ROA)：胡华夏等(2014)实证得出公司盈利能力同现金持有量呈正相关关系。而现金流量同公司盈余管理活动息息相关(高燕，2008)。笔者参考郑琦等(2009)的做法，选取公司当年的总资产净利润率来度量公司盈利能力。

(5)经营活动现金流量(CFO)：是公司经上年年末总资产调整后的当年经营活动现金流量，即当年经营活动现金流量净额与上年年末总资产的比值。

(6)股权集中度(TOP)：用第一大股东持股比例进行测量。Rajgopal(1990)指出大股东持股比例对盈余管理有影响。当大股东在公司内部处于超强控制，机构投资者在持股份额上并不能对大股东产生约束或制衡时，机构投资者对大股东实施盈余管理和利益输送行为的削弱作用并不显著。

(7)最终控制性质(State)：考虑到我国特殊的制度背景，将其设为哑变量，若企业的最终控制人为国家，设为 1，否则为 0。

(8)公司价值(TQ)：由于中国的资本市场还不够完善，企业很难估算资产的重置价值，因此取公司资产的市场价值与重置价值之比。

(9)公司治理机制(DIR)：于忠泊等(2011)认为，公司治理结构完善程度与公司管理层压力的大小程度呈正相关关系，公司治理结构越完善进行盈余管理活动的可能性越小。本书参考高雷和张杰(2008)等的做法，选取公司当年的监事会人数、董事长独立性作为度量公司治理机制的变量。

(10)宏观经济指标(FE、DM):刘贵生和高士成(2013)认为财政支出增长率和货币供应量增长率对经济的增长有长期的影响。

本节的具体变量定义见表 5-1。

表 5-1　变量定义表

变量类型	变量名称	变量符号	定义
被解释变量	投资者情绪	$SENT_{i,t}$	半年期的动量指标,即上一期 6 个月的累计月度股票收益
解释变量	经济周期	$BC_{i,t}$	哑变量,宏观经济处于下行期(2008－2009 年、2011－2013 年)为 1,否则为 0
	盈余管理	$DAC_{i,t}$	可操控性应计利润的绝对值
	交乘项	$BC_{i,t} * DAC_{i,t}$	哑变量与可操控性应计利润的交乘项
控制变量	公司规模	$Size_{i,t-1}$	期末总资产的对数
	资产负债率	$LEV_{i,t-1}$	期末负债总额/资产总额
	总资产增长率	$Growth_{i,t-1}$	本年总资产增长额/期初资产总额
	总资产净利率	$ROA_{i,t-1}$	净利润/平均总资产
	经营活动现金流量	$CFO_{i,t-1}$	经营活动现金净流量与上年末总资产之比
	股权集中度	$TOP_{i,t-1}$	第一大股东持股比例
	最终控制性质	$State_{i,t-1}$	虚拟变量,如果最终控制人为国有企业,则 State=0,否则取 1
	公司价值	$TQ_{i,t-1}$	托宾 Q 值
	公司治理机制	$DIR_{i,t-1}$	独立董事比例
	宏观经济指标	$FE_{i,t-1}$	财政支出增长速度
		$DM_{i,t-1}$	货币供应量增长率

(三)模型设计

为了检验假设 H3a,本书构建模型(5-1)来检验盈余管理对投资者情绪的影响。

$$SENT_{i,t} = a_0 + a_1 * DAC_{i,t} + a_2 * Size_{i,t-1} + a_3 * LEV_{i,t-1} + a_4 * Growth_{i,t-1}$$

$$+a_5 * ROA_{i,t-1} + a_6 * CFO_{i,t-1} + a_7 * TOP_{i,t-1} + a_8 * State_{i,t-1} + a_9 * TQ_{i,t-1} + a_{10} * DIR_{i,t-1} + a_{11} * FE_{i,t-1} + a_{12} * DM_{i,t-1} + \sum_{1}^{20} Industry_{i,t-1} \quad (5-1)$$

模型(5－1)中，$DAC_{i,t}$代表盈余管理的解释变量，其余为控制变量。如果$DAC_{i,t}$的回归系数显著为正，则说明企业的盈余管理信息对投资者情绪具有正向影响。基于假设 H3a，我们预测 $DAC_{i,t}$回归系数大于 0。

为了检验 H3b，本书构建模型(5－2)来检验经济周期对投资者情绪的影响。

$$SENT_{i,t} = a_0 + a_1 * BC_{i,t} + a_2 * Size_{i,t-1} + a_3 * LEV_{i,t-1} + a_4 * Growth_{i,t-1} + a_5 * ROA_{i,t-1} + a_6 * CFO_{i,t-1} + a_7 * TOP_{i,t-1} + a_8 * State_{i,t-1} + a_9 * TQ_{i,t-1} + a_{10} * DIR_{i,t-1} + a_{11} * FE_{i,t-1} + a_{12} * DM_{i,t-1} + \sum_{1}^{20} Industry_{i,t-1} \quad (5-2)$$

模型(5－2)中，$SENT_{i,t}$为被解释变量，$BC_{i,t}$为解释变量，其余为控制变量。如果 $BC_{i,t}$的回归系数显著为负，则说明相较于经济上行期，投资者情绪在宏观经济下行期更为低沉，反之亦然。基于假设 H3b，我们预测 $BC_{i,t}$回归系数小于 0。

为检验 H3c，在模型(5－1)的基础上加经济周期 $BC_{i,t}$、经济周期 $BC_{i,t}$和盈余管理 $DAC_{i,t}$的交乘项 $BC_{i,t} * DAC_{i,t}$，构建模型(5－3)来检验不同经济周期阶段下盈余管理信息对投资者情绪的影响。

$$SENT_{i,t} = a_0 + a_1 * BC_{i,t} + a_2 * DAC_{i,t} + a_3 * BC_{i,t} * DAC_{i,t} + a_4 * Size_{i,t-1} + a_5 * LEV_{i,t-1} + a_6 * Growth_{i,t-1} + a_7 * ROA_{i,t-1} + a_8 * CFO_{i,t-1} + a_9 * TOP_{i,t-1} + a_{10} * State_{i,t-1} + a_{11} * TQ_{i,t-1} + a_{12} * DIR_{i,t-1} + a_{13} * FE_{i,t-1} + a_{14} * DM_{i,t-1} + \sum_{1}^{20} Industry_{i,t-1} \quad (5-3)$$

模型(5－3)中，$BC_{i,t}$的回归系数显著为正，则说明投资者情绪在宏观经济下行期比上行期高涨，反之亦然。基于假设 H3c，我们预测 $BC_{i,t}$回归系数小于 0。若 $DAC_{i,t}$的回归系数为正，则说明经济上行期盈余管理对投资者情绪具有正向影响；若 $BC_{i,t} * DAC_{i,t}$的回归系数 a_3 为负，则说明经济下行期时，盈余管理信息对投资者情绪有负向影响，我们预测回归系数 $a_2 + a_3$ 小于 0。

三、实证结果分析

(一)描述性统计

对各研究变量进行描述性统计，由表 5－2 可知：投资者情绪的最大值高达 2.354，而最小值仅为－0.996，平均值只到 0.099，说明样本中的个股投资者情绪存在较大的差异；样本中上市公司盈余管理最大值高达 1.726，而最小值接近于 0.000，平均值为 0.108，说明样本公司的盈余管理程度存在明显差异，为本书的研究意义提供了支持。

表 5-2　全样本描述性统计

变量符号	平均值	标准差	中位数	最小值	最大值
$SENT_{i,t}$	0.099	0.409	0.041	−0.996	2.354
$DAC_{i,t}$	0.108	0.120	0.078	0.000	1.726
$Size_{i,t-1}$	21.550	1.205	21.432	18.587	25.888
$LEV_{i,t-1}$	0.509	0.214	0.509	0.067	1.704
$Growth_{i,t-1}$	0.239	0.673	0.133	−0.825	7.527
$ROA_{i,t-1}$	0.037	0.073	0.033	−0.391	0.328
$CFO_{i,t-1}$	0.056	0.101	0.051	−0.350	0.495
$TOP_{i,t-1}$	34.670	18.178	33.340	0.000	75.000
$State_{i,t-1}$	0.586	0.493	1.000	0.000	1.000
$TP_{i,t-1}$	1.753	1.177	1.367	0.000	12.329
$DIR_{i,t-1}$	0.345	0.069	0.333	0.000	0.571
$FE_{i,t-1}$	19.110	3.823	19.108	11.775	25.700
$DM_{i,t-1}$	0.285	0.464	0.048	−0.207	1.133

在表 5-3 的基础上，我们根据不同经济周期阶段，对全样本进行分组描述性统计与均值差分 t 检验。从表 5-3 中可以看出，投资者情绪的平均值在经济上行期大于经济下行期时，两者通过了差分 t 检验，而不同经济周期阶段下盈余管理信息对投资者情绪的影响还有待进一步检验。另外，当经济周期处于上行期时，投资者情绪（$SENT_{i,t}$）较下行期而言更高，且两者差异在 1%的水平上显著，说明经济上行期具有较高的投资者情绪，由此初步验证了假设 H3b。从控制变量来看，大部分变量在不同经济周期阶段下的差异显著，说明在不同经济周期阶段下外部环境及公司的各个方面会存在差异。

（二）回归分析

利用我国 A 股上市公司 2003－2013 年的数据对模型（5-1）～模型（5-3）进行回归分析，结果如表 5-4 所示。

表 5-3 不同经济周期阶段分组描述性统计与均值差分 t 检验

变量	经济上行期			经济下行期			上行期—下行期	
	平均值	中位数	标准差	平均值	中位数	标准差	均值差	t 值
$SENT_{i,t}$	0.187	0.080	0.425	0.037	0.013	0.385	0.151	30.557***
$DAC_{i,t}$	0.100	0.080	0.092	0.114	0.077	0.136	−0.014	−9.440***
$Size_{i,t-1}$	21.200	21.117	0.964	21.799	21.691	1.294	−0.586	−3.363***
$LEV_{i,t-1}$	0.491	0.493	0.204	0.522	0.522	0.219	−0.598	−29.658***
$Growth_{i,t-1}$	0.234	0.145	0.583	0.243	0.126	0.730	−0.029	−7.743***
$ROA_{i,t-1}$	0.030	0.032	0.076	0.041	0.034	0.071	−0.002	−0.187
$CFO_{i,t-1}$	0.056	0.051	0.090	0.057	0.051	0.107	−0.012	−9.344***
$TOP_{i,t-1}$	33.155	32.380	21.398	35.747	33.780	15.397	0.002	1.160
$State_{i,t-1}$	0.597	1.000	0.490	0.578	1.000	0.494	−0.040	−40.022***
$TP_{i,t-1}$	1.298	1.200	0.378	2.076	1.649	1.420	−1.435	−3.567***
$DIR_{i,t-1}$	0.323	0.333	0.071	0.361	0.333	0.063	−0.282	−36.965***
$FE_{i,t-1}$	16.545	16.667	2.708	20.934	21.899	3.432	−0.034	−5.684***
$DM_{i,t-1}$	0.120	0.048	0.193	0.402	0.734	0.556	−0.845	−59.852***

表 5-4 经济周期、盈余管理及投资者情绪的回归结果

变量	模型(5-1)	模型(5-2)	模型(5-3)
	$SENT_{i,t}$		
$BC_{i,t}$	−0.443*** (−56.68)	−0.444*** (−56.87)	
$DAC_{i,t}$	0.219*** (9.62)		0.217*** (9.35)
$BC_{i,t} * DAC_{i,t}$			0.228 (1.09)
$Size_{i,t-1}$	−0.046*** (−20.78)	−0.052*** (−23.11)	−0.193 (−1.22)
$LEV_{i,t-1}$	0.088*** (10.47)	0.083*** (9.97)	5.410*** (9.26)
$Growth_{i,t-1}$	−0.003** (−2.23)	−0.003* (−1.65)	0.201* (1.86)

续表 5 - 4

变量	模型(5 - 1)	模型(5 - 2)	模型(5 - 3)
	$SENT_{i,t}$		
$ROA_{i,t-1}$	0.106*** (5.87)	0.103*** (5.74)	−4.728*** (−3.76)
$CFO_{i,t-1}$	0.009 (0.79)	0.009 (0.78)	−0.839 (−1.04)
$TOP_{i,t-1}$	0.058*** (2.83)	0.018 (0.86)	5.860*** (4.07)
$State_{i,t-1}$	0.002** (2.33)	0.0001* (1.80)	0.020*** (4.02)
$TQ_{i,t-1}$	0.004 (1.64)	0.003 (1.19)	−0.261* (−1.72)
$DIR_{i,t-1}$	−0.004 (−1.10)	−0.005 (−1.35)	−0.408 (−1.48)
$FE_{i,t-1}$	0.017*** (8.49)	0.007*** (2.92)	0.074 (.0738)
$DM_{i,t-1}$	0.004 (1.64)	0.003 (1.19)	−0.267* (−1.72)
样本个数	27 354	27 354	27 354
Adjusted R^2	0.2146	0.2985	0.3015

注:“*”“**”“***”分别表示回归系数在10%、5%、1%置信水平下显著,括号内为 t 值。

在模型(5 - 1)中,企业盈余管理($DAC_{i,t}$)程度与投资者情绪($SENT_{i,t}$)在1%的置信水平上显著正相关,即企业的盈余管理($DAC_{i,t}$)程度越大,则投资者情绪($SENT_{i,t}$)高涨可能性越大,说明盈余管理对投资者情绪具有显著正向影响。当盈余管理($DAC_{i,t}$)提高10%,投资者情绪则上升2.19%,为假设H3a提供了证据。

根据模型(5 - 2)的回归结果显示,经济周期($BC_{i,t}$)的回归系数在1%的置信水平上显著为负,表明相较于经济上行期,经济下行期时上市公司的投资者情绪($SENT_{i,t}$)低落。一方面说明在经济上行期，由于产品市场需求旺盛，公司业绩良好，获利空间大，公司内部资本周转率明显升高，公司获利能力增强，投资者情绪高涨；另一方面当经济步入下行期时，公司受外部宏观环境冲击，在产品市场及融资环境的变化下，公司投资者情绪低沉，验证了假设 H3b。

在模型(5-1)的基础上，本节进一步加入经济周期($BC_{i,t}$)和投资者情绪($SENT_{i,t}$)的交乘项($BC_{i,t} * SENT_{i,t}$)。根据回归后的结果，($BC_{i,t}$)的回归系数在 1%的水平上显著为正，说明相较于经济上行期，经济下行期时投资者情绪高涨。这是因为宏观经济周期作为系统性因素会影响到大部分企业的经营，当经济增长较快时，企业的成长性和盈利能力会随之上升，而当经济增长持续下降时，企业的成长性和盈利空间会萎缩，使得投资者情绪普遍低迷。从盈余管理的回归的结果来看，盈余管理($DAC_{i,t}$)的回归系数在 1%的置信水平上显著正相关，说明盈余管理信息对投资者情绪具有显著影响。但结合交乘项($BC_{i,t} * SENT_{i,t}$)来看，回归系数并不显著，说明在经济上行期，盈余管理信息对投资者情绪具有显著影响，而当经济周期处于下行期时，资本市场稳定性降低，使得盈余管理信息对投资者情绪的影响程度降低，即盈余管理与投资者情绪的正向关系被减弱。这一结果表明在经济上行期，经济形势上涨，投资者对股票市场持乐观态度，对未来收益的预期升高，因而盈余管理信息对投资者情绪影响较强；而在经济下行期，由于经营业绩下滑，投资者对市场信心不足，使得盈余管理信息对投资者情绪的影响减弱。因此，证实了假设 H3c。

通过上述分析可知，模型(5-1)、模型(5-2)及模型(5-3)成功地检验了假设 H3a、H3b 和 H3c，即盈余管理程度越大，投资者情绪越高涨。相较于经济下行期，投资者情绪在经济上行期更为高涨；在经济上行期，盈余管理信息对投资者情绪的影响更为显著，而经济下行期时盈余管理信息对投资者情绪的正向影响减弱。本节从调整的 R^2、F 检验及 DW 值三个方面说明了模型(5-1)、模型(5-2)及模型(5-3)的有效性，并通过对各个控制回归结果分析，说明了三个模型都具有较高的拟合度。

(三)稳健性检验

为保证本节结论的正确性，本节还作了稳健性检验，具体如下：

(1)替换了投资者情绪的代理变量。借鉴了 Goyal 和 Yamada(2004)等的研究设计，采用 Tobin Q 的方法对投资者情绪进行操控性计量，以便进一步检验上述结论。检验结果表明，盈余管理与投资者情绪仍然呈显著正相关关系，并在 1%水平上显著相关。此外，经济周期对投资者情绪影响的检验中，结论也基本保持一致，经济周期与投资者情绪仍呈负相关关系，并通过了 1%的显著性水平检验。

(2)考虑到存在其他潜在影响因素,因此在回归模型中加入了资金占用、两职设置等几个控制变量,相关系数仍在1%的水平下显著,说明在排除其他可能的潜在因素后,盈余管理与投资者情绪及经济周期下两者的关系没有明显的改变,即上述研究的结论是比较稳健的。

第三节 经济周期下盈余管理对市场波动影响的实证研究

一、理论分析与研究假设

(一)经济周期对市场波动影响分析与假设

经济周期,也称商业周期,是指在经济运行中,单个经济总量增长指标周期性地出现上行与下行的现象。Klein 和 Moore 于 1985 年提出增长型周期,用以刻画高速发展中的国家经济的发展情况,表示经济的总量水平围绕趋势的波动。近几十年来,我国经济发展整体呈现波动上升趋势,并因其波动性,按照两阶段划分法,大体可分为上行期与下行期两个阶段。

经济上行阶段,企业经营绩效、股票市场走势良好,促使股票价格不断攀升,进而降低融资成本,减少权益融资对股票价格的影响。易奉菊等(2013)指出为了维持良好的低融资成本,预防通胀,政府会通过公开市场业务操作来提升再贴现率,降低货币供给量。在经济上行期,股票估值被高估,企业经营状况维持良好状态,投资者对市场充满积极乐观的投资情绪,低融资资本促使资本运营健康发展,刺激银行信贷业发展。

反之,在经济下行阶段,企业经营举步维艰,股市萧条低迷,股价下跌,投资者悲观情绪对于企业权益融资雪上加霜,现金周转缓慢,陷入困境。在此种不良的经济情况下,为了调整经济发展,促使经济回暖,政府作为经济政策的制定者,将采用宽松的经济政策,加大市场的货币流通量,采用扩张性财政政策,降低市场利率。Altman(1983)发现通过增加货币的供给量虽然能一定程度上改善股票市场,但仍然不能从实质上解决企业艰难发展的经营困境,难以逆转的困境进一步加剧投资者的低盈余预期和悲观投资情绪。基于上述分析提出以下假设。

假设 H4a:经济下行期的市场波动强于经济上行期。

(二)盈余管理对市场波动影响分析与假设

一般来说,上市公司的盈余管理行为会损害宏观资本市场的秩序和有效性。若作为理性投资决策分析的基础和代表企业经营业绩的会计盈余被广泛操纵的话,投资信息将难以发挥有效性,投资将沦为投机。刘维奇等(2014)指出普遍投机的交易心态势必加大整个股票市场的波动性和风险性,而股市的波动性又恰恰是作为衡量国家资本成熟度的重要因素。在高效的资本市场上,不论投资人还是筹资人,都是接受一定价格就可以投出或筹集相应的资金;与商品市场一致,资金需求者和供给者都不可能因为竞争导致融资工具的价格过度偏离价值。资金的流向、流量和流速取决于筹资者和投资者之间的博弈竞争,结果是各自在均衡价格下满足了需求,实现社会资金的优化配置。Femald 和 Rogers(2002)指出根据资本资产定价模型,投资者预期的风险回报率与承担的风险成正比。高预期的风险回报率不仅会提高企业的融资成本,还会加大企业的财务风险,降低企业的筹资数量,加速企业的灭亡,最终降低资本市场的有效性。但是,普遍的盈余管理却恰恰破坏了这种有效的均衡。

当普遍的盈余管理充斥于资本市场时,融资能力不再意味着企业良好、真实的运营状况。投资者要更加谨慎地考虑企业良好业绩背后的业绩风险。融资额多的企业究竟是良好的企业战略、运营能力,还是进行大量盈余管理的结果?若无法判定,这时,有效市场对供求关系的自身调节功能逐步失灵。在盈余管理风行的环境下,准备股权再融资的企业该何去何从?估计更多的企业在利益诱惑下会放弃原则,为提高股票发行价格进行业绩的盈余管理,这也在一定程度上加大了资本市场的波动性和风险性。

然而,部分学者发现,适当的盈余管理手段有利于企业的经营管理。盈余管理的行为都是在会计法则法规允许的范围内进行的,是合同范围内的数字修饰。通过盈余管理对财务报告中的数字进行修饰,使之在合同范围内成立,能够减少企业的谈判成本,达到减少成本、合理合法避税、推动证券市场发展的目的(王夏赞,2011)。此外,盈余管理还可以通过"利润平稳化"手段来传递企业的内部信息,从而减少资本市场波动的影响。基于上述分析提出以下假设。

假设 H4b:总体而言,盈余管理程度会加大市场风险性与波动性,但一定程度的盈余管理会缓解市场波动,超过一定程度会加剧市场波动。

(三)经济周期下盈余管理对市场波动影响分析与假设

上市公司经营业绩与经济周期等外界因素有着直接联系,学者研究发现经济周期对企业经营业绩的冲击影响主要是通过财务状况渠道、经营业绩渠道和现金流量渠道形成的。薛进(2011)认为当宏观经济周期的波动通过传导机制传递到产业和企业层面,就形成了产业波动和企业的财务波动,并从宏观、中观、微观三个层面系统地研究了金融危机冲击对上市公司经营业绩的影响。经济上行期,企业的经营状况和业绩良好,产品供不应求、周转快,现金流充裕,资产增值潜力大。而在经济下行期,企业为解决日益突出的产品供大于求的矛盾,减缓资产贬值程度,往往会采取低价倾销的方式,最终在财务上面临利润锐减、资金链断裂的困境,财务经营风险进一步增大。与此同时,投资者为了避免风险或者实现资产保值而纷纷撤资,这无疑严重加剧了资产的贬值。经济周期导致企业真实财务状况、经营业绩和现金流的波动,进而传导会计信息波动,使得经营者为自身利益最大化,试图用信息不对称弥补自身努力和真实信息间产生的差距。

由此可知,在经济下行期,企业盈余管理的动机更强。因为,此时企业盈余管理的成本将远大于它所付出的代价,适当的盈余管理不仅不会引起监管部门的注意,同时还可以满足监管阈值,避免给投资者传递不良信号,降低对投资者决策的影响程度。在这种情况下,企业适度的盈余管理对市场波动的缓解作用相对于经济上行期更为显著。但是经济下行期时,宏观经济发展状况普遍不好,较高的盈余管理较易引人注目,被投资者察觉或被监管部门注意之后反而会对公司产生极为不利的影响,增加企业风险的同时也增大了市场的风险与市场波动。基于上述分析提出以下假设。

假设 H4c:在经济下行期,企业盈余管理活动对市场波动的影响相对经济上行期更为明显。

二、研究设计

(一)样本选取与数据来源

本书以 2004—2014 年共 11 年沪、深股票市场所有 A 股上市公司作为初始样本。在选取研究样本时遵循以下原则:①剔除无法完整获取相关数据的公司;②剔除金融类公司、保险类公司、ST 公司;③剔除经济上行期和经济下行期数据不足 2 年的公司。根据数据选择原则,最终得到 1443 家 A 股上市公司 2004—2014 年的非平衡面板数据,共计公司层面样本观测值为 13 289 个,该非平衡面板数据能在一定程度上扩大实证检验的样本量,提高检验结果的可信度。

上市公司数据来自 CSMAR 数据库,换手率数据来自 WIND 数据库,其他宏观经济指标来自《中国统计年鉴 2014》以及国家统计局公布的相关数据,个别缺失数据通过查阅上市公司年报手工获得。此外,为消除极端值的影响,本书运用 STATA 12.0 对财务数据分年度进行前后 1%水平上的 Winsorize 处理。

(二)变量定义

1. 市场波动的度量

市场波动性体现了资本市场的质量和效率,是证券市场价格形成能力和资本配置能力的一种体现。股指收益率标准差、年均换手率、年度波幅和涨跌停比率等通常被作为评价一国证券市场活跃度、成熟度和风险抵御能力的重要指标,因此,本节选取年均换手率作为衡量市场波动的变量。

2. 盈余管理的度量

我国上市公司在选取盈余管理手段时,会根据市场监管力度,未来损益,违规成本等因素进行综合考虑和抉择。为了系统地探究经济周期对盈余管理的溢出效应,本节选取应计盈余管理对上市公司盈余管理活动进行度量。应计盈余管理的计算方法参见第三章。

3. 经济周期的度量

本节依然采用第三章的经济周期的划分方法,将 2003－2007 年、2010 年划分为经济上行期,取值为 0;2008－2009 年、2010－2013 年划分为经济下行期,取值为 1。

4. 控制变量的定义

(1)公司规模(Size):李增福和周婷(2013)通过研究认为,公司规模将影响企业盈余管理活动,企业规模同上市公司应计盈余管理活动呈反向关系,同真实盈余管理活动呈正向关。基于此,本节以上市公司年末资产的自然对数来衡量公司规模。

(2)短期偿债能力(FR):公司资产的流动性与公司偿债能力息息相关,企业流动性越好,管理者进行盈余管理的动机越小,因此用流动比率进行测量。

(3)发展能力(PPER):固定资产、存货是盈余管理的重要工具,固定资产比例越高,信息透明度越高,因此用固定资产增长率进行测量。

(4)长期偿债能力(DTAR):企业负债存在一定的治理效应,合理的杠杆结构能够对管理者起到“控制效应”。因此,本节用资产负债率进行测量。

(5)资产负债率(LEV):笔者采取财务杠杆来衡量。

(6)营运能力(INVT):在一定时期内的主营业务成本与存货平均余额相比,可以反映企业的运营效率和能力。因此,本节用存货周转率进行测量。

(7)市盈率(SYL):笔者借鉴陈共荣和刘冉(2011)的研究,选取市盈率度量对投资者行为的影响。

(8)市场价值(TQ):由于中国的资本市场还不够完善,企业很难估算资产的重置价值。因此,本节取公司资产的市场价值与重置价值之比。

(9)公司治理(INDR、Firstholder):于忠泊等(2011)认为,公司治理结构完善程度与公司管理层压力的大小程度呈正相关关系,公司治理结构越完善进行盈余管理活动的可能性越小。本节选取公司独立董事比例和第一大股东持股比例作为度量公司治理的变量。

(10)宏观经济景气指数(MP):笔者选取宏观经济景气指数反映宏观经济基本面因素的衡量变量。

本节借鉴相关学者(Watts et al,1990;Dechow,1995;Koh,2007;戴亦一等,2011)的做法,在模型中加入以下控制变量:公司规模、流动比率、固定资产增长率、资产负债率、财务杠杆、存货周转率、市盈率、托宾 Q 值、独立董事比例、第一大股东持股比例、宏观经济景气指数、货币供给增速。

本节的具体变量定义见表 5-5。

表 5-5 变量定义表

变量类型	变量名称	变量符号	定义
被解释变量	市场波动	$Turnover_{i,t}$	上市公司年均换手率
解释变量	应计盈余管理	$DAC_{i,t}$	参照 JONES 模型,DAC=操控性应计利润/资产总额
	经济周期	$BC_{i,t}$	哑变量,宏观经济处于下行期(2008—2009 年、2011—2013 年)为 1,否则为 0
控制变量	公司规模	$Size_{i,t-1}$	公司资产总额的自然对数
	流动比率	$FR_{i,t-1}$	流动比率=流动资产/流动负债
	固定资产增长率	$PPER_{i,t-1}$	固定资产增长率=本期固定资产增加额/期初固定资产
	长期偿债能力	$DTAR_{i,t-1}$	负债水平=负债总额/(资产总额-无形资产)
	资产负债率	$LEV_{i,t-1}$	资产负债率=负债总额/资产总额
	存货周转率	$INVT_{i,t-1}$	存货周转率=营业成本/平均存货
	市盈率	$SYL_{i,t-1}$	市盈率=股票价格/每股净收益
	市场价值	$TQ_{i,t-1}$	托宾 Q 值
	公司治理	$INDR_{i,t-1}$	独立董事比例
		$Firstholder_{i,t-1}$	第一大股东持股比例
	宏观经济景气指数	$MP_{i,t-1}$	宏观经济景气指数的预警指数

(三)模型设计

为了检验假设 H4a,考察经济周期与市场波动的关联,本节构建回归模型为:

$$Turnover_{i,t}=a_0+a_1*BC_{i,t}+\sum_{i=1}^{12}\gamma_i*Control_{i,t-1}+\varepsilon_{i,t-1} \quad (5-4)$$

式中:i 为公司;t 为年;$Turnover_{i,t}$代表市场波动,为被解释变量;$BC_{i,t}$代表经济周期,是虚拟变量,为模型(5-4)的解释变量。

为了检验假设 H4b 和假设 H4c,考察经济周期下盈余管理与市场波动的关联,本书构建回归模型为:

$$Turnover_{i,t}=a_0+a_1*DAC_{i,t}+\sum_{i=1}^{12}\gamma_i*Control_{i,t-1}+\varepsilon_{i,t-1} \quad (5-5)$$

式中:i 为公司;t 为年;$Turnover_{i,t}$代表市场波动,为被解释变量;$DAC_{i,t}$表示盈余管理,为解释变量。

模型(5-4)、模型(5-5)所用的控制变量是一致的,且基于内生性的考虑,所有的控制变量取滞后一期数据。为了检验不同的盈余管理程度对市场波动的不同影响,将模型(5-5)根据盈余管理的大小进行分组回归。同时,为了检验不同经济周期阶段下盈余管理与市场波动的关联,将整体样本按照经济上行期与下行期分为两个子样本,并分别进行实证回归。

三、实证结果分析

(一)描述性统计

由表 5-6 分组描述性统计结果可知,在经济上行期,换手率($Turnover_{i,t}$)均值 5.950、中位数 4.912、最小值 0.582,均显著高于经济下行期的均值 5.342、中位数 4.374、最小值 0.391。结果初步表明,经济上行期时年均换手率相对较高,市场波动更为显著。盈余管理($DAC_{i,t}$)的平均值为 0.109,低于经济下行期的 0.190,初步表明上市公司在经济上行期的盈余管理程度低于经济下行期。此外,表 5-6 还报告了主要解释变量的均值差分 t 检验结果,换手率($Turnover_{i,t}$)的均值差在 1%的置信水平上显著为正,可以看出经济上行期的年均换手率显著高于经济下行期,盈余管理($DAC_{i,t}$)的均值差为负,表明经济下行期的盈余管理程度高于经济上行期。上述描述性统计结果基本符合假设 H4a 和假设 H4b 的预期。

此外,表 5-6 列示了不同宏观经济环境下(经济上行期、经济下行期)控制变量的描述性统计结果。可以看出,几乎所有的控制变量在上行期和下行期的

表 5-6 主要变量的分组描述性统计与均值差分 t 检验

变量	经济上行期				经济下行期				经济上行期—经济下行期	
	均值	中位数	最小值	最大值	均值	中位数	最小值	最大值	均值差	t 值
$Turnover_{i,t}$	5.950	4.912	0.582	18.149	5.342	4.374	0.391	22.786	0.608	8.836***
$DAC_{i,t}$	0.109	0.081	0.000	0.912	0.190	0.077	0.000	18.700	0.000	−0.05
$BC_{i,t}$	9.217	9.183	8.140	10.635	9.483	9.438	7.892	11.313	−0.266	−28.29***
$Size_{i,t-1}$	1.528	1.200	0.107	9.150	1.627	1.274	0.092	11.171	−0.099	−4.10***
$FR_{i,t-1}$	0.521	0.511	0.068	3.016	0.524	0.524	0.056	2.258	−0.003	−0.68
$PPER_{i,t-1}$	0.204	0.039	−0.752	4.215	0.241	0.021	−0.954	11.355	−0.037	−2.18**
$DTAR_{i,t-1}$	1.508	1.163	−0.914	10.140	1.531	1.143	−3.188	14.263	−0.023	−0.91
$LEV_{i,t-1}$	8.879	3.977	0.134	159.480	9.901	4.073	0.080	310.308	−1.021	−2.45**
$INVT_{i,t-1}$	57.378	27.030	−211.864	1349.725	73.281	33.678	−268.204	1487.381	−15.903	−5.98***
$SYL_{i,t-1}$	1.233	0.976	0.186	6.918	2.122	1.486	0.141	15.717	−0.889	−27.99***
$TQ_{i,t-1}$	0.343	0.333	0.143	0.500	0.366	0.333	0.250	0.571	−0.023	−25.73***
$INDR_{i,t-1}$	0.405	0.385	0.103	0.786	0.363	0.343	0.086	0.788	0.042	14.76***
$FirstS_{i,t-1}$	1.070	1.040	1.000	1.213	0.939	0.933	0.733	1.167	0.131	56.60***
$MP_{i,t-1}$	16.557	17.000	14.700	17.600	16.952	13.800	12.200	27.700	−0.395	−5.29***

注："*""**""***"分别表示回归系数在10%、5%、1%置信水平下显著，括号内为 t 值。

均值显著不等，且宏观经济环境处于上行期时，我国上市公司的第一大股东持股比例（$Firstholder_{i,t-1}$）和货币供给增速（$MP_{i,t-1}$）的描述性统计结果显著高于经济下行期，这符合正常经济波动预期。然而其他变量如公司规模（$Size_{i,t-1}$）、固定资产增长率（$PPER_{i,t-1}$）等变量的平均值在经济下行期比较高，这种逆经济周期情况的存在说明企业很有可能进行了盈余管理活动，从而对市场波动产生影响。

（二）回归分析

模型（5－4）、模型（5－5）的回归结果如下表5－7所示。

表5－7　多元实证回归结果

变量	模型（5－4）	模型（5－5）						
		全样本	子样本		经济上行期		经济下行期	
			DAC小	DAC大	DAC小	DAC大	DAC小	DAC大
$DAC_{i,t}$	6.53*** (22.63)	7.23* (8.65)	−1.65** (15.61)	5.57 (0.11)	−0.04 (−0.38)	32.03 (0.15)	−1.99* (−4.46)	2.31* (1.2)
$BC_{i,t}$	0.30*** (31.03)	0.27*** (33.92)	5.65*** (23.63)	0.26*** (21.21)	32.53 (0.53)	−0.04 (−0.6)	0.41*** (32.01)	0.40*** (30.09)
$Size_{i,t-1}$	−0.51*** (4.98)							
$FR_{i,t-1}$		0.39* (1.74)	−3.52** (−1.99)	0.42 (1.61)	−0.95 (−0.38)	0.08 (0.15)	−3.85* (−1.94)	0.31 (1.20)
$PPER_{i,t-1}$	0.98*** (6.15)	0.47*** (3.83)	−3.52*** (−16.63)	−1.38*** (−15.28)	−0.95*** (−10.44)	−1.76*** (−10.79)	−2.17*** (−21.68)	−2.01*** (−19.39)
$DTAR_{i,t-1}$	−0.17*** (−4.32)	−0.18*** (−4.62)	−1.47*** (−2.3)	−0.02 (−0.51)	−1.64 (−0.01)	−0.15** (−2.56)	−0.04 (−0.9)	0.08* (1.89)
$LEV_{i,t-1}$	0.02 (0.54)	0.03 (0.78)	−0.09 (−1.33)	−0.71*** (−3.52)	0.00 (−0.36)	−1.39*** (−5.41)	−0.63** (−2.51)	−0.17 (−0.69)
$INVT_{i,t-1}$	−1.20*** (−5.89)	−1.23*** (−6.05)	−0.27*** (2.85)	0.10** (2.37)	−0.09 (−0.08)	−0.17* (−1.75)	0.20*** (4.07)	0.17*** (4.29)
$SYL_{i,t-1}$	0.00 (−0.18)	0.00 (0.02)	0.14*** (2.91)	0.04 (1.14)	−0.01 (1.57)	0.03 (0.55)	0.03 (0.84)	0.00 (−0.02)
$TQ_{i,t-1}$	0.00 (1.45)	0.00 (1.29)	0.10 (−1.52)	0.00*** (−2.65)	0.09 (−0.05)	0.00 (−1.28)	−0.01*** (−2.84)	0.00** (−2.39)

续表 5-7

变量	模型(5-4)	模型(5-5)							
		全样本	子样本		经济上行期		经济下行期		
			DAC 小	DAC 大	DAC 小	DAC 大	DAC 小	DAC 大	
$INDR_{i,t-1}$	0.00 (−0.65)	0.00 (−0.84)	0.00 (0.88)	0.00 (1.09)	0.00 (−1.37)	0.00 (−0.51)	−0.00* (1.86)	0.00** (2.53)	
$FirstS_{i,t-1}$	0.00 (−0.12)	−0.06*** (−2.66)	0.00*** (−6.25)	−0.20*** (−7.62)	0.00*** (−11.64)	−0.95*** (−11.99)	−0.31*** (−10.92)	−0.30*** (−11.39)	
$MP_{i,t-1}$	3.82*** (5.24)	3.26*** (4.52)	−0.18*** (4.31)	3.48*** (4.31)	−0.93** (2.41)	4.64*** (3.84)	0.22 (0.26)	−0.71 (−0.8)	
CONS	−13.57*** (−8.94)	−9.28*** (−7.44)	0.28 (9.23)	8.57*** (8.58)	0.03*** (−7.87)	−11.10*** (−5.84)	21.71*** (20.26)	20.61*** (18.78)	
样本个数	12 614	12 614	684	6330	2190	2213	4095	4116	
Adjusted R^2	0.3171	0.3157	0.3058	0.2697	0.5322	0.5189	0.4176	0.3785	

注:“*”“**”“***”分别表示回归系数在10%、5%、1%置信水平下显著,括号内为 t 值。

1. 经济周期与市场波动

模型(5-4)的回归结果中,$BC_{i,t}$ 的回归系数在1%的显著水平上大于0,表明在样本期间内,经济周期与市场波动具有负向相关关系。宏观经济处在下行期时,年均换手率越小,市场波动越大;宏观经济处在上行期时,年均换手率越大,市场波动越小,这为本节的假设 H4a 提供了支持依据。

2. 盈余管理与市场波动

模型(5-5)中,全样本和子样本检验结果显示了上市公司盈余管理程度的大小对市场波动的不同影响。全样本实证结果显示,盈余管理($DAC_{i,t}$)在1%的置信水平上显著为正,说明盈余管理对市场波动有正向的影响,但是盈余管理对市场波动的影响受盈余管理程度大小的影响;子样本显示,盈余管理程度小的样本组,盈余管理程度在1%的置信水平上显著为负,说明适度的盈余管理能在一定程度上缓解市场波动。盈余管理程度大的样本组,盈余管理系数为正,虽不显著,但基本证明当盈余管理程度较大时,市场波动会增强。

(3)经济周期下盈余管理与市场波动

模型(5-5)显示了不同宏观经济环境对盈余管理与市场波动影响的不同作用。在经济上行期,盈余管理程度较小的样本组,$DAC_{i,t}$为正,t 值为 45.68,盈余管理程度较大的样本组,$DAC_{i,t}$为正,t 值为 45.24;而在经济下行期,盈余管理程度较小的样本组,$DAC_{i,t}$在 1%的置信水平行显著为负,同时,盈余管理程度较大的样本组,$DAC_{i,t}$的系数为负,t 值为-4.99。该结果表明,在经济下行期,盈余管理程度对市场波动的影响相较于经济上行期更为明显,证明了假设 H4c。

(三)稳健性检验

为保证本节结论的正确性,本节还作了稳健性检验,具体如下:

(1)替换了市场波动的代理变量。引入股指收益率标准差作为市场波动的代理变量,检验结果表明,盈余管理与市场波动仍然呈显著正相关关系,并在 1%水平下显著相关。此外,经济周期下盈余管理对市场波动影响的检验中,结论也基本保持一致,经济下行期企业盈余管理活动对市场波动的影响相对经济上行期更为明显,并通过了 1%的显著性水平检验。

(2)考虑到存在其他潜在影响因素,因此在回归模型中加入了成长性、盈利能力等几个控制变量,相关系数仍在 1%的水平下显著,说明在排除其他可能的潜在因素后,不同经济周期阶段下盈余管理与市场波动两者的关系没有明显的改变,即上述研究的结论是比较稳健的。

本章小结

本章考察了盈余管理与投资者情绪的关系以及在不同经济周期阶段下盈余管理影响资本市场及传导扩散的具体路径。通过理论分析和大样本的实证分析可以得出以下结论:

(1)为检验盈余管理与投资者情绪的关系,以 2003-2013 年深市 A 股1015 家上市公司为研究样本,检验了盈余管理与投资者情绪的关系,以及经济周期对投资者情绪的影响,并验证了经济周期下盈余管理与投资者情绪管理的关系及不同经济周期阶段下盈余管理影响投资者情绪的差异性。检验结果表明:盈余管理程度越大,投资者情绪越高涨。相较于经济下行期,投资者情绪在经济上行期更为高涨;在经济上行期,盈余管理信息对投资者情绪的影响更为显著,而在经济下行期盈余管理信息对投资者情绪的正向影响减弱。

(2)为检验盈余管理与市场波动的关系,以 2003-2013 年深市 A 股 1443

家上市公司为研究样本,检验了盈余管理与市场波动的关系,以及经济周期对市场波动的影响,并验证了经济周期下盈余管理与市场波动的关系及不同经济周期阶段下盈余管理影响市场波动的差异性。检验结果表明:在样本期间内,经济下行期的市场波动强于经济上行期。相较于经济上行期,在经济下行期企业盈余管理活动对市场波动的影响更为明显。

第六章　不同经济周期阶段下盈余管理约束机制研究

第一节　基于经济周期的盈余管理约束机制框架设计

当前世界经济仍处于国际金融危机后的深度调整期，延续了"低增长、大分化"的格局，中国经济发展也进入新常态，并在经济增速、结构优化等方面均取得不错的成果。而上市公司不是独立运行的，它与资本市场相互联系、相互作用，面对经济的不确定因素增多，企业可能通过盈余管理应对宏观经济波动带来的冲击，而盈余管理手段趋于复杂化、多元化和隐蔽化的趋势增大了投资者的识别难度。因此，上市公司的盈余管理行为已严重影响投资者对企业未来盈利能力的判断，进而对投资者的决策产生误导，这一系列行为通过市场的传导路径对资本市场的稳定性造成冲击，甚至对国际资本市场产生影响。经济周期下盈余管理约束机制的建立就是从整体上整合，发挥宏观、微观的协同作用，实现宏观约束机制和微观约束机制的优势互补、协同发力。

一、宏观层面约束机制设计

基于宏观周期经济视角，对于经济周期下盈余管理约束机制的设计主要是从资本市场强制约束路径和监管约束动力两个方面展开。

第一，对资本市场强制约束路径机制的设计主要包括法律监管处罚约束和信息披露制度约束。其中，法律监管处罚约束能够通过加大违规行为成本影响控股股东行为及上市公司微观主体行为，约束上市公司盈余管理程度；信息披露制度约束能够通过降低内部投资者与外部投资者信息不对称，从外部投资者角度出发，促使他们对上市公司进行外部监督，降低上市公司盈余管理程度。

第二，对资本市场监管约束动力机制的设计主要包括以政府为主导的管理与调控、中介机构规范、机构投资者监管、投资者教育与保护四个方面。其中，我国资本市场是政府主导下的具有中国特色制度创新的产物，政府可以采用各种干预和介入手段来保证对资本市场的监控；中介机构作为资本市场的重要参与者之一，能加速和催化企业在融资、经营管理、优化资源配置的进程；机构投资者对资本市场稳定以及上市公司内部治理可以发挥积极作用，降低上市公司盈余管理程度。

二、微观层面约束机制设计

基于微观公司视角，对于经济周期下盈余管理约束机制的设计主要是从内部监控机制、外部监控机制和激励约束机制三个方面展开。其中，内部监控机制是针对企业特征进行的结构设计，通过公司股东会、董事会、监事会的内部治理结构的制衡机制，来约束经营管理层的行为；外部监管机制主要是通过外部控制权市场竞争体系来实现股权制衡；激励约束机制则是通过多元化绩效评价体系和股权激励双向措施来激励管理层努力工作。

此外，在对市场强制规制约束机制与公司内部治理机制设计的基础上，进一步建立不同经济周期阶段下盈余管理的市场约束与公司权变约束机制。在经济上行期，公司受市场环境影响产生的压力减弱，盈余管理程度主要受公司内部控制人的影响，此时，以公司内部约束机制为主导，市场强制规制机制为辅；在经济下行期，上市公司受经营压力的影响加大，盈余管理程度加剧，基于机构投资者行为及投资者交易行为，从市场出发约束盈余管理的行为更为显著，此时以市场强制规制机制为主，公司内部约束机制为辅。具体如图 6－1 所示。

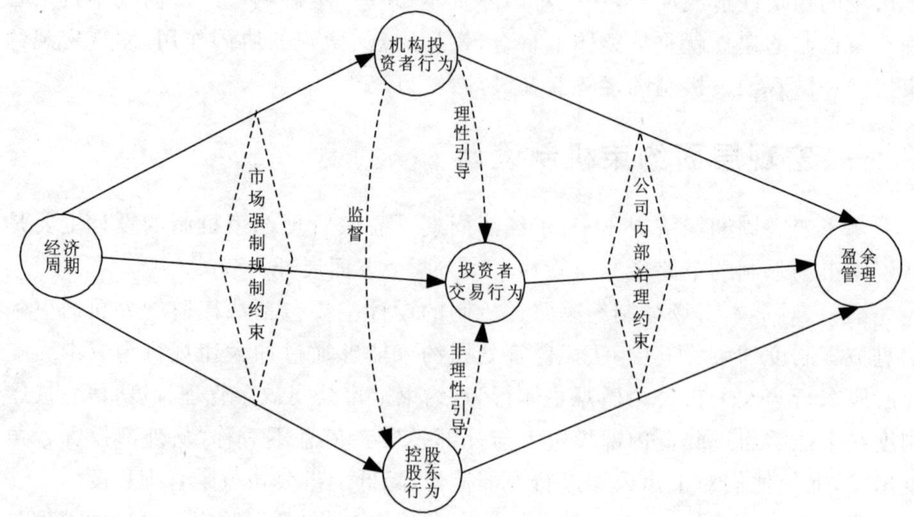

图 6－1　经济周期下盈余管理约束机制框架图

第二节　市场强制约束机制

经济周期下，投资者行为影响盈余管理的过程中，会产生约束盈余管理的有“监督”与“影响”两个阶段的市场强制规制约束机制。在“监督”阶段，企业利益相关人发现企业风险并采取行动，这依赖于企业利益相关人的风险评估敏感性以及自身行为选择的可行性。当处于企业“影响”阶段，企业采取各种手段，避免自己遇到市场冲击造成的风险，即使遇到市场风险，企业会及时调整企业战略、公司架构等。为了将企业遇到的风险控制到最低，企业就必须杜绝风险行为。不论市场处于什么经济阶段，企业面临怎样的竞争环境，企业的风险行为都会面临高成本的代价，这就是市场约束的效用。市场约束机制通常通过资本市场约束路径、资本市场监管约束动力两个方面对投资者行为产生作用并约束上市公司盈余管理行为。

一、资本市场强制约束路径

法律制度强制约束分为两个部分，即法律监管处罚约束和信息披露制度约束。法律监管处罚约束能够通过加大违规行为成本影响控股股东行为及上市公司微观主体行为，约束上市公司盈余管理程度；信息披露制度约束能够通过降低内部投资者与外部投资者信息不对称，从外部投资者角度出发，促使他们对上市公司进行外部监督，降低上市公司盈余管理程度。

（一）法律监管处罚约束

法律环境会影响上市公司的盈余管理，健全的法律监管体系对投资者自利行为以及上市公司违规行为均能起到威慑作用，从而降低上市公司盈余管理程度。法律监管力度的加大和处罚力度的加强能够直接影响上市公司内部控制人权衡利益的得失。结合前文实证结果，从控股股东的行为来看，法律监管能够直接约束控股股东通过非公允关联交易对其他投资者的利益侵占行为。控股股东作为理性的经济人，在“掏空行为”执行前，都会对成本与收益进行严谨的对比与分析，只有当掏空收益不低于掏空成本的时候，控股股东才会选择“掏空行为”。因此，有效抑制控股股东“掏空行为”的关键在于提高掏空成本。法律监管处罚主要从法律规范制定和法律监管执行两个途径出发。

途径一：法律规范制定。定下严格的违法打击标准和惩戒机制，提升违法成本，提升监管力度和处罚力度，约束控股股东自利化行为。降低机构投资者合谋

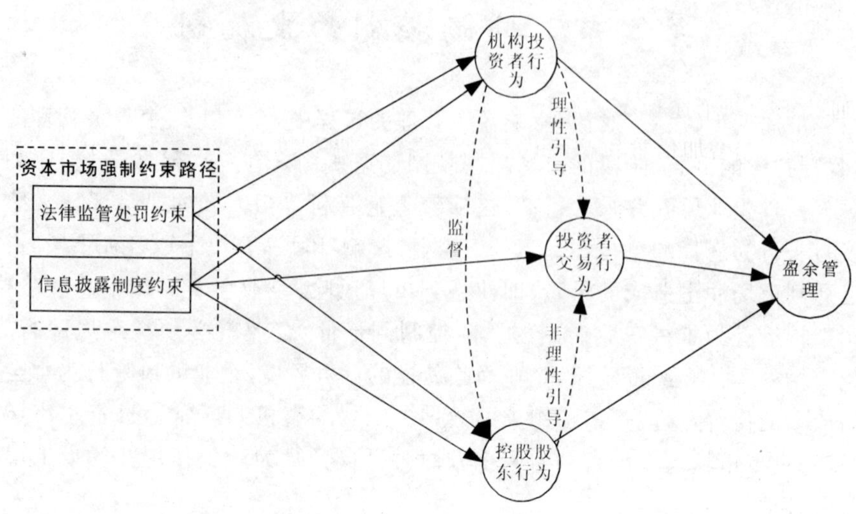

图 6-2 资本市场强制约束路径对盈余管理的作用过程

动机，削减控股股东对上市公司的谋取行为，侧面激发机构投资者参与公司治理的积极性，降低盈余管理程度。同时，控股股东的自利行为弱化以及机构投资者治理效应增强能够激发中小股东投资积极性，正向影响投资者交易行为，在一定程度上降低了盈余管理的资本市场动机。

途径二：法律监管执行。加大法律执行力度，提升上市公司面临的法律风险，使得公司管理层或利益相关者盈余管理动机减弱，降低公司盈余管理动机。一方面，基于监管力度，监管部门通过加强监督力度，尤其是对恶意盈余管理的处罚力度，约束违规的上市公司盈余管理；另一方面，基于投资者行为，监管部门能够沿着约束投资者自利行为的路径，通过加强对相关法律、法规的建设，影响投资者行为，从而约束上市公司盈余管理。

（二）信息披露制度约束

信息披露制度是执行市场监管制度的基础。尽管信息披露不能直接影响和作用于盈余管理，但是通过强化对上市公司的信息披露的透明化，可以减轻信息不对称的问题，使市场投资者更容易察觉公司内部人的控制行为，优化资本市场的配置，促使内部人进行盈余管理的行为得到市场的时刻监督。只有当控股股东拥有一定的控制权，且处于信息优势地位时，他们在权衡掏空成本与行为后，才会对公司的资源或者利润采取“掏空行为”。此时，控股股东的盈余管理动机和行为会加强。假设信息在双方间分布均衡，不存在信息劣势和信息优势，那么市场对控股股东"掏空行为"能快速识出和鉴别，此时理性的中小投资者会根据市场反应采取针对性的措施，通过"用脚投票"的方式来间接抑制控股股东的利益输送行为，从而达到抑制控股股东的盈余管理动机与行为。信息披露制度主要通过以下两个途径展开。

途径一：增加信息化透明程度。信息化透明程度与机构投资者获取信息的成本有很大的关联关系，公开的信息越少，机构投资者越需要通过各种渠道获取信息，为此付出相关成本，这也有利于机构投资者发挥治理效应，约束上市公司盈余管理。市场的信息越多且越有效，中小投资者、机构投资者会越理性，其削弱了大股东或公司管理层通过股价操纵扰乱市场或利用外部投资者的非理性行为来获取超额收益的动机，抑制了由投资者交易行为而引起的上市公司盈余管理行为。

途径二：完善信息披露制度。实际上，信息的有效披露有利于国家法律监管和行政监督。但我国的信息披露制度并不完善，如在披露手段、控制链披露、披露周期、临时性公告以及披露内容等细节上仍需加强。因此，从以上几个方面入手，能够提升信息披露制度对盈余管理的间接约束效应。首先，随着市场化的进程，在信息披露手段上可以从形式审核被动披露方式向主动式转变，即可以形成一个由证监会、交易所、有关研究机构组成的联合会审机制，对市场中被怀疑进行盈余管理的公司进行会审，这也是有效抑制盈余管理的一种新的、可尝试的发展方向；其次，我国上市公司的实际控制人往往是信息披露的幕后操作者，市场上投资者无法掌握公司各个流程与环节的信息披露者的披露程度，因此需要加强对上市公司生产流程各个环节、各个控制链的披露；再次，公司经营信息持续变化，很多上市公司对重大关联交易事项仅在年底或年终进行披露，因此为保护外部投资者利益，约束上市公司，应形成上市公司信息披露的短期化；然后，由于临时公告在目前不需要审计，容易为控制性股东进行利益侵占与转移留下空间，造成关联交易的非关联化，因此临时性公告的披露监管也是不可忽略的约束考虑范畴；最后，信息披露内容中的关联报告内容需要更加详细，格式更加规范化与常设化，从公司内部利益相关者来看，要能够约束内部操纵行为，从而约束盈余管理。

二、资本市场监管约束动力

我国资本市场是政府主导下的具有中国特色社会主义制度创新的产物，主要体现在政府采用各种干预和介入手段来保证对资本市场的监控。中介机构作为资本市场的重要参与者之一，能加速和催化企业融资、经营管理、优化资源配置的进程。因此，中介机构是否规范直接影响到上市公司的微观行为。本章从四个方面说明资本市场监管对盈余管理的约束路径：一是以政府为主导的管理与调控，二是中介机构规范，三是机构投资者监管，四是投资者教育及保护。

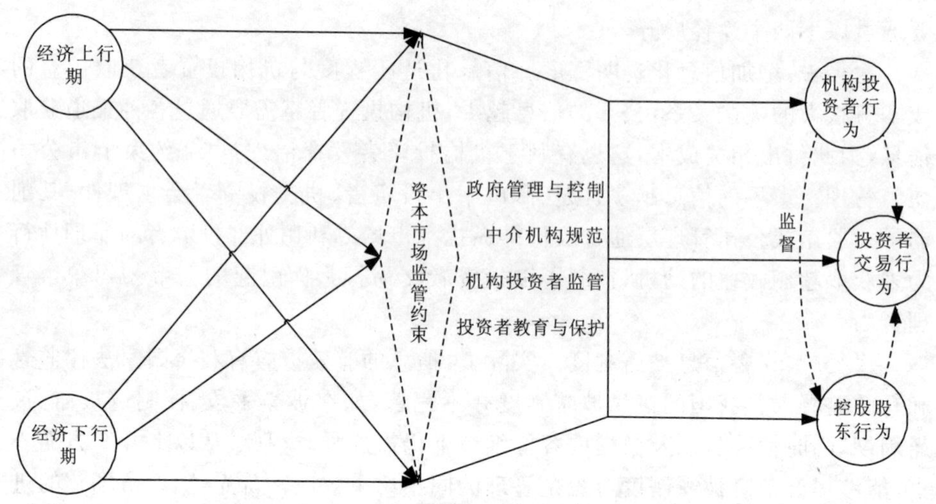

图 6-3　资本市场监管约束对投资者行为的影响过程

(一)政府管理与控制

政府通过各种管理和调控方式影响资本市场的运行及市场参与者的行为，从而保证资本市场健康运行和发展。同时在宏观经济周期波动下，通过政府管理及调控能够降低经济周期对资本市场冲击效应，稳定资本市场运行。政府管理和调控主要从金融信贷调控、税收调控、法律调控与行政调控四个途径进行调控。

途径一：金融信贷调控。当股票市场发展较好，投资者拥有充分的资源进行投资的时候，泛滥的投资行为容易造成人力资本的浪费，社会资源也得不到有效合理的使用。此时，政府会通过调节金融市场信贷机制，而央行会通过提高银行的存款准备金率和贷款利率，来缩紧市场上的货币供给量，直接调节过热的股市。反之，在宽松的货币政策作用下，增加的货币供给量可以缓解萧条的股市。政府通过金融工具对市场的介入，能从价格角度直接调节证券的供求关系。金融工具的适当运用能控制股市的非理性波动和过度投机，从而约束了操纵市场行为及上市公司通过盈余信息影响市场价值等危害市场的行为，有助于稳定金融市场。

途径二：税收调控。通过税收来调节外部投资者的付出成本，间接控制投资者的投资意愿。例如股票市场上的印花税是投资者在二级股票市场交易时的主要交易成本,印花税率的高低直接影响到投资者的投资成本和入市动机。政府对于股市税收政策的调整反应了管理层对资本市场引导调节的意图,政策调整能加速抑制或刺激市场。

途径三:法律调控。国家通过法律进行调控,而将资本市场进行宏观调控的法律、法规分为两类。一是基础类,《中华人民共和国公司法》《证券法》这两部法律是对我国资本市场中各类交易行为做出规定的基础法律;二是其他类,这类的法律、法规较多,主要针对资本市场的经济行为细分来制定,如会计准则、公司法等。国家的法律、法规作为外部约束手段,是维护资本市场健康发展的有效的强制手段。

途径四:行政调控。政府通过计划、制度、政令等行政监管手段进行调控。行政手段主要应用于市场不成熟、不完善的阶段。行政手段能用直接和强制干预的方式对资本市场进行监管,如直接行政干预上市公司的发行债券的规模、数量和性质,市场上重大违规行为出现时紧急关闭股票交易市场的行为等。

(二)中介机构规范

中介机构都是伴随着资本市场的逐步发展而产生和发展的。因此,在资本市场还不成熟时,资本市场上唯一能替代中介机构作用的只有政府。但政府本身就是以管理者的身份参与资本市场的运作,目前正替代中介机构扮演监督者的角色,很容易出现弊端。控制和监督的角色合二为一,不利于维持市场"公平、公开、公正"的环境,不利于资本市场的规范与完善。因此,中介机构作为独立第三方的监督机构是有存在的必要性的,同时也会成为完善资本市场的中坚力量,它的规范程度直接影响资本市场监管机制的运行。中介机构的规范主要包含以下两个途径。

途径一:增加信息传递,提高资本市场配置效率。如证券分析师作为中介机构能够有效缓解市场上上市公司和投资者之间存在的信息不对称的现象,以及信息传递不完全的情形,从而能对提高资本市场效率起到重要作用(Beaver,2000)。资本市场的中介机构包括投资银行(证券公司)、资产评估机构、会计师事务所、律师事务所、信用担保机构等。而事实上,当前我国资本市场中介机构并未完全发挥作用,不同类型的中介机构在运行当中均存在不同程度的不规范行为,并未有效发挥自己在资本市场的相应职能。通过大力发展及规范资本市场中介机构,能够有效发挥它在资本市场运行机制中的作用:一方面,能够极大提高资本市场配置效率;另一方面,能够促进资本市场监管机制充分发挥作用。如投资银行等中介机构随着资本市场运行机制的发展,监督和鉴证功能日益凸显。

途径二：以专业能力规范交易主体行为，发挥资本市场监管机制，减少交易成本，提升交易效率，促进资本市场优化及发展。中介机构作为政府、上市公司及投资者三者相互间的专业沟通媒介，运用专业技能，能够对各个交易主体进行规范，降低交易成本，提升交易效率，促进资本市场优化及发展。对于投资者而言，中介机构的参与，能够避免因信息不对称而造成的投资损失，使投资者脱离不公平的投资环境，保证了市场秩序。虽然资本市场必然存在投资风险，但于健康的资本市场而言，投资者风险往往仅限于系统风险。而系统风险是由于金融危机、利率、政策等外部投资环境因素以及投资者自身所产生的风险。若中介机构由于自身失信而带来造假风险，将会再次将投资者置于不公平的投资环境。因此，中介机构的规范性以及信用基础至关重要。中介机构充分发挥监管作用，尤其是律师事务所、会计师事务所等中介机构的规范性，是促进和完善资本市场监督体系的重要一环。律师事务所和会计事务所等中介机构在财务信息的鉴证以及发布上起到关键的作用。财务信息披露的可信性的提高，能够激发中小投资者参与市场的积极性，而律师事务所的介入则能约束资本市场参与各方行为的合法性。保证中介机构的独立性，且规范中介机构是资本市场监管机制充分发挥效应的保障。

（三）机构投资者监管

我国机构投资者从产生到发展仅用了 20 年左右的时间，运行机理及管理模式仍处于探索阶段。结合前文的分析及实证可以看出，机构投资者对资本市场稳定以及上市公司内部治理均起到了积极作用。而机构投资者是否能够积极参与到公司治理，一方面在于他们在上市公司持股所对应权利是否能对内部控制人起到制衡作用，并能够约束上市公司盈余管理行为；另一方面则很大程度上取决于自身是否以认真的态度管理运作委托人资金，从而获得投资回报。由于中国机构投资者本身存在问题和缺陷，以及市场对机构投资者缺乏有效的监督和考核，使得市场上存在机构投资者凭借资金实力操纵市场获利或追求短期收益的现象。并且，机构投资者热衷于投机炒作，他们的违规操作行为难以对上市公司起到积极监督的作用，还会加剧市场的波动。为趋利避害，充分发挥机构投资者在资金、技术、人才上的优势，监管部门应通过立法、信息披露等综合措施规范行为，加强对机构投资者的监管，消除他们对资本市场以及上市公司的负面影响。监管部门能够从以下几个方面提高监督有效性。

途径一：培养和引导机构投资者树立长期投资价值观，建立完善的机构投资者绩效评价体系，预防短期化的评价体系出现，避免过于注重短期效益，忽视投资的长期价值，促进机构投资者向价值增值的上市公司投资方向转变。

途径二:提高机构投资者的专业素质与素养。证券投资基金与社保基金是我国机构投资者的中坚力量,当他们在上市公司的持股较大时,机构投资者很可能与公司内部控制人合谋,因此应重点加强对这两类机构投资者道德风险行为的防范。

途径三:积极着手推动机构投资者激励机制。通过完善建立风险管理及风险控制制度,从根本上改变目前市场上存在的同质化和短期化的投资者行为倾向,以此来促进机构投资者在公司的治理效应。总而言之,监管部门在对机构投资者进行有效监管时,必须从引导和规范出发,再通过完善外部评价体系,从根本上提升机构投资者素质及运作水平。

(四)投资者教育与保护

投资者是资本市场的重要参与者,是股票市场发展的基础。当前我国资本市场投资者机构不断优化,机构投资者得到了促进和发展,市场占比逐渐升高。但相较于机构投资者,其他投资者群体的投资能力、信息分析能力均不足,使得非理性投资者充斥市场,而投资者的交易行为特征对市场波动具有最直接的影响,这种非理性行为将会加剧市场波动。并且市场中存在恶意操纵市场的行为,直接危害了投资者群体的利益。上市公司也能利用信息不对称,误导投资者进行投资。因此,要加强对投资者尤其是中小股东的教育及利益保护,增强维护他们对市场的信心,这对资本市场的发展至关重要。由于中小投资者相对有控股股东及其他大股东,严重信息不对称,因此投资者识别信息的能力能间接约束上市公司盈余管理行为。监管部门需要从以下三个途径出发。

途径一:培养投资者理性投资理念,积极引导他们掌握正确的投资模式。通过监管机构以及中介机构等传播相关的理财知识,使其认识到市场投资机会及风险,同时引导他们根据自身投资能力及风险承受能力,选择合适的投资方式。同时还可以设立中小投资者服务机构,既能提供教育投资者的作用,又能帮助投资者解决投诉、纠纷、维权等问题。

途径二:积极倡导提供多元化金融产品,使其符合不同投资能力投资者,从而获得稳定的投资回报,这样不仅能够吸引更多的公众投资者,对资本市场稳定发展也有促进作用。

途径三:构建以投资保护为核心的监管制度。尽管已有的相关制度明确指出要加强个人投资者的保护,并强调重要性,但事实上在相关规定及部门规章的内容及实施力度上仍存在不足。监管部门应将投资者保护的具体要求详细地列入,并嵌入到监管工作的各个环节。且必须保障执法上的实施力度,严厉打击侵害投资者利益的行为。

第三节　公司内部约束机制

薄弱的公司治理结构会助长盈余管理的动机转化成实际的盈余管理行为。因此,健全公司治理结构是有效抑制盈余管理的途径。公司治理结构主要包括内部监控机制、外部监控机制和激励约束机制三个方面的内容①。

内部监控机制是针对企业特征进行的结构设计,如针对上市公司,运用《中华人民共和国公司法》确定的公司内部治理结构(股东会、董事会、监事会)的制衡机制来约束经营管理层的行为。外部监管机制主要是指中介机构、资本市场等市场管理机制监督控制公司行为。激励约束机制是指通过外部业绩绩效评价和内部目标管理约束等双向机制,激励管理层努力工作。这里我们主要探讨内部治理约束机制。

相对于市场强制规制约束机制这种约束宏观外部市场环境的约束机制而言,公司内部治理约束机制属于公司内部组织架构的约束机制,即从公司内部治理的角度来约束公司盈余管理。公司内部治理约束机制主要从投资者行为出发,通过股权制衡约束和内部环境约束两个路径影响投资者行为,从而约束上市公司盈余管理行为,如图 6-4 所示。

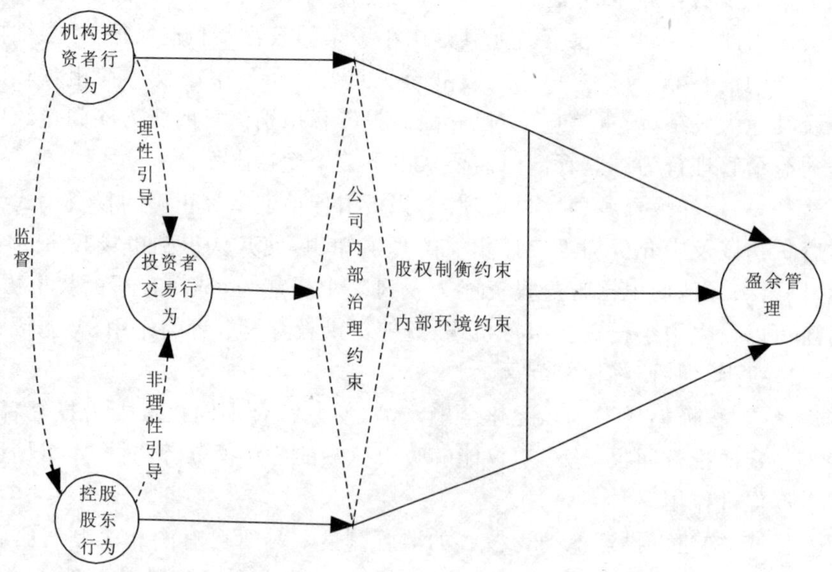

图 6-4　公司内部治理机制对盈余管理的约束过程

① 本节阐述主要参考胡华夏(2006)。

一、内部监控机制路径

(一)股权制衡约束途径

股权制衡约束是约束控股股东,或监督内部控制人,保护中小投资者,降低上市公司盈余管理的内生性约束机制。股权制衡约束机制的形成主要来源于大股东竞争与社会公众股东两部分的引入。而大股东作为内部监控途径的约束机制,相互竞争且相互牵制,能够分散公司内部控制权,降低股权集中度,约束一股独大的股东牟取私利的行为。

股权分置后大股东的股权比例有所降低,但是并没有真正改变一股独大的局面。股权制衡是指公司的大部分股权由几个股东共享,使得股东们互相牵制,任何一个股东都无法单独做出公司决策(Shleifer、Vishny,1997)。而结合上文的机理分析及实证检验结果来看,不同经济周期阶段下控股股东的利益输送的频率及程度都会受到影响,且控股股东的利益输送行为与盈余管理程度呈正比。因此,有效地抑制控股股东侵害上市公司的行为能够降低盈余管理程度,约束盈余管理行为。可采取的措施包括以下两个。

途径一:引进外部长期的战略性投资者,克服一股独大的股权局面,将股权分散化,降低股权集中度,形成制衡机制。在不断减持国有股的基础上,积极鼓励机构持股,进行长期战略投资,避免中小股东的短视化自利行为,同时凭借资金规模、专业素养、信息优势,客观增加对公司经济管理层的外部监控压力。同时作为利益相关者,机构投资者可以转型为价值创造的上市公司,通过增加对公司治理的参与程度,成为上市公司治理中的控股股东的股权制衡者。

途径二:引进具有双重身份的债权人作为股东来实现治理作用。推进具有双重身份的银行法人持股的发行,加大对代理人的监督和制衡。同时,银行自身的安全风险监测系统,也会积极推动银行参与上市公司的治理,以股东和债权人的双重标准来参与、监督企业的日常经营运营,从根本上提高企业的经营管理的效益和绩效,加大对控股股东的制衡作用。这些措施实施后,在一定程度上,公司的控股股东受到制衡的程度越高,就会使得由于利益输送行为而导致的盈余管理程度降低,进而维护企业价值。

(二)内部环境约束途径

公司的内部治理结构一般由“三会四权”[①]构成。但是,目前我国上市公司的董事、监事大多源自于公司的大股东,导致了董事会大比例的内部董事均来自掌握控制权的大股东,高度集中的股权结构影响了“三会”的作用效应的发挥,利益导向全都偏向控股股东。相对于控股股东的大比例持股,中小股东持股比例的劣势导致缺乏股权参与和影响决策的权利很难通过自身影响经营决策和公司治理。同时,监事会形同虚设,缺乏科学合理的组织结构和内部环境制度来约束对董事会与监事会的监督。因此,我们需要从“三会”角度约束盈余管理路径。

途径一:股东利益导向的“三会”会以保护股东的合理合法的权益为基础。

途径二:“三会”是负责企业战略层次的决策,从宏观调控到中观的管理层的聘用、评价等。

途径三:从中观层面上进行中层经营管理人员的聘用和绩效评价。

(三)内部治理制度约束途径

在公司内部环境约束机制中,独立董事制度对约束内部人,尤其是控股股东起到了关键性作用,打击了控股股东利用信息优势和关联、内部交易操纵实施利益输送行为的盈余管理行为,从而降低了由控股股东行为而导致的上市公司盈余管理。

尽管独立董事制度已经在我国上市公司普遍建立起来,但受限于公司对它的薪酬支付,独立性也非理论上的完全独立。此外,由于我国的独立董事考核制和问责制尚在设立阶段,缺乏严格的监督机制,因此独立董事制度更多表现为形式主义,并没有发挥实质的效果。由此可以看出,上市公司和控股股东并未受到独立董事任何实质性的监督。为发挥内部治理制度的约束效应,可以从抑制独立董事发挥监督职能的外部压力入手,对独立董事制度进行规范和完善,具体可从以下几方面入手。

途径一:保持独立董事的独立性。目前,我国市场化的独立董事选聘机制和独立性规定还存在缺陷。因此,健全市场化、公开化的独立董事聘用机制能大大抑制独立董事的不作为行为,促使独立董事积极主动地监督企业。

途径二:强化独立董事监督动力和能力。有学者研究表明,独立董事发现与

---

① “三会四权”中,“三会”指股东会、董事会、监事会,“四权”指出资者所有权、法人财产权、出资者监督权、法人代理权。

披露上市公司的违规行为，从而实现对其盈余管理的抑制，需要岗位动力和专业能力。但是发挥独立董事的职能，需要具体的法律保障作为后盾(王凤华、张晓明，2010)，还需要足额的物质激励和精神激励。完善的法律、法规是独立董事完成监督职能的基础保障，适当的激励是保证独立董事完成监督职能的必要条件。此外，还要保证独立董事信息的透明度，需要更多实时、真实的公司运营信息和管理层公司治理情况才能有效帮助独董执行监督职责。

途径三：发挥董事会与监事会监督效应。董事会、监事会是公司内部治理机制的基础，它们对公司内部的监督是约束管理层盈余管理行为的重要组成部分。董事会和监事会对管理层的约束效用分别体现在独立性以及勤勉性上。为充分发挥董事会的监督效应，约束上市公司盈余管理，本章从两个方面出发：①从董事会角度，应该精简规模，加大独立董事比重。另外，在独立董事的选举和报酬发放上，可以由证监会或其他机构作为第三方机构负责，保证独立董事的独立性，充分发挥监督职能，约束公司内部的盈余操纵行为。②从监事会角度，首先，在法律上应该清晰界定监事会的职能，避免与其他机构职能重合；其次，监事会的规模与监督的能力成正比，故监事会规模能够影响对盈余管理约束程度。因此应适当加大监事会规模，提升监事会会议频率；最后，监事会成员来源的非独立性会降低披露报告信息的质量。

途径四：开展内部审计。审计委员会主席主要从董事会中选拔聘用，一般由独立董事担任，在内部控制评价指引的基础上，结合公司自身行业和结构特点，制定出符合公司发展的内控标准。内审部门对公司各个部门逐步开展内控评审流程，对各类业务和控制进行独立评价，定期形成内控审计报告。严格贯彻内部控制目标，独立实施内控流程，遵循公认的方针和程序，达到预期的效果，保证内审信息的可信度。企业应由独立董事牵头，带领内审部门人员，不定期对内控制度框架的设计和执行的有效性进行评价，并将评价的内容向企业股东、董事会、监事会报告，及时发现并督促整改内部控制缺陷，谨防公司控股股东或者管理层存在盈余管理动机，进行过度的盈余管理。

途径五：完善知识体系。通过组织各种学习和培训活动，努力提升财务人员、审计管理人员的专业理论素养和职业道德水平。加强财务人员对盈余管理行为的认识，了解盈余管理给企业带来的利益损害，提升财务人员的职业敏感度和判断力。扭转企业过于注重会计盈余的传统评价观念，突破以利润为导向的局限性，引入科学的企业绩效评价指标，构造全面有效的业绩评价体系，展现科学的价值增值和价值创造的先进管理理念，降低和减少企业盈余管理的动机和机会。

二、外部监控机制路径

(一)机构投资者途径

自股权分置的改革后，股权结构中的市场上流通股增多，国有股比例降低，流通股市值扩大。持有大比例流通股的机构投资者，对控股股东形成有效制衡。实际上，股权分置改革后的公司，在利润分配、代理冲突问题上得到了缓解，机构投资者的投资行为能抑制关联交易、防止内部人控制。股权改革前的国有股一股独大的局面逐渐被外部中小投资者、机构投资者与国有股“三足鼎立”局面所替代。

约束控股股东行为对盈余管理的影响有待进一步改善。机构投资者持有上市公司的股票，尽管持股比率并不大，但为了维护自身的合法权益，他们积极参与公司的治理，并通过外部控制权市场竞争体系来实现。学者们研究发现，如果以短期利益为目标的机构投资者对控制权市场竞争不利，那么控制权市场竞争机制很难发挥主导作用，对控股股东自利行为的监督及抑制会不足，上市公司的盈余管理行为会越来越严重。因此，为形成良好的控制权市场竞争约束机制，机构投资者的存在至关重要。具体可从以下方面入手。

途径一：政府修订机构投资者持股比例限定的法规，从心理、物质角度促进机构投资者自愿参与公司治理，如名誉褒奖、经济奖励、股权奖励等。由于法律规定了机构投资者的投资比例限制，机构投资者参与公司治理的积极性受到打击。主观和客观上的被动状态使得机构投资者无力承担监控成本，无法享受参与治理带来的增值效应。只有当监督成本小于参与监督所带来的收益时，才能激励机构投资者去积极参加和关心公司治理问题。

途径二：鼓励机构投资者打破国有股一股独大的股权结构的局面，参与公司控制权市场的竞争，引导机构投资者树立长期投资理念，使他们主动地参与到公司治理中去。长期机构投资者在控制权市场中发挥了积极作用，对上市公司起到了监督作用，有利于公司治理，从而约束上市公司盈余管理。

(二)社会公众股途径

合理的股权结构除了有内部股东、机构投资者，还应该引入社会公众股，从而形成“三足鼎立”的局面，更好地达到股权制衡的目的。由于社会公众股引入程度在不同股权结构上市公司中有所不同，故社会公众股的股权制衡效果具有不确定性，但社会公众股的引入在合理的股权结构中能够对公司的股权制衡、公司价值产生正面影响。过于集中或分散的股权结构都不利于公司发展。盲目扩大股权制衡程度，反而会加大上市公司的盈余管理程度。一方面，因为股权的制衡程度太高，可能会导致股东之间的矛盾变大，影响到公司的决策效率和盈余管理动机，进而对盈余管理会产生影响；另一个方面，如果股权的制衡程度太高，则表明控股股东的股权不高，这就会影响控股股东对公司的治理，导致激励不足，这种情况反过来又加大了代理成本，降低了企业市场价值，最终可能加大盈余管理程度。而此时在大股东竞争约束不能发挥对盈余管理的约束效应时，社会公众股作为监督的角色，能够约束大股东竞争约束的负面效应。

三、激励约束机制路径

激励约束机制路径主要指完善内外部的股权激励约束机制。股权激励可以从独立董事、持股员工、经营管理的员工等多方面开展，具体包括：增强独立董事对公司经营管理的参与决策，设立年终累计奖励评选制度，对于突出贡献的员工或者董事，予以表扬和额外奖励；提升独立董事和员工的持股比例，让内部员工能以主人公的意识，提升个人归属感和责任感，更加积极主动地关心企业经营的管理问题，并通过持股比例的提升，制衡控股股东，抑制他们的盈余管理动机，限制他们损害其他利益相关者的利益；在约束机制方面，可以采用准入制度，三会可以开会讨论设立专门的绩效评估公布机构，对消极怠工、表现出掏空企业行为的人员通报批评或者行政处罚，限制权限等。

第四节　经济周期下市场约束与公司约束的权变机制

在宏观经济周期作用下，资本市场环境、投资者行为以及公司基本面均受到不同程度的影响。根据前文中实证检验结果，并结合图 6－5 所示，可以发现在经济上行期，公司受外部经营环境压力较小，投资者行为对盈余管理的影响很大程度来自于控股股东行为，尤其是控股股东的利益输送行为。因此，此时公司内部约束机制起到主导作用，而市场强制规制约束机制起辅助作用。而在经济下行期，公司受外部经营环境压力较大，上市公司盈余管理程度较上行期普遍增大，此时宏观管控的约束作用更加显著。因此，在经济下行期，市场强制规制约束机制起主导作用，公司内部约束机制起辅助作用。

一、经济上行期公司主导内部约束机制

经济周期处于上行期，即经济发展趋势较好的时候，经济增长速率加快，市

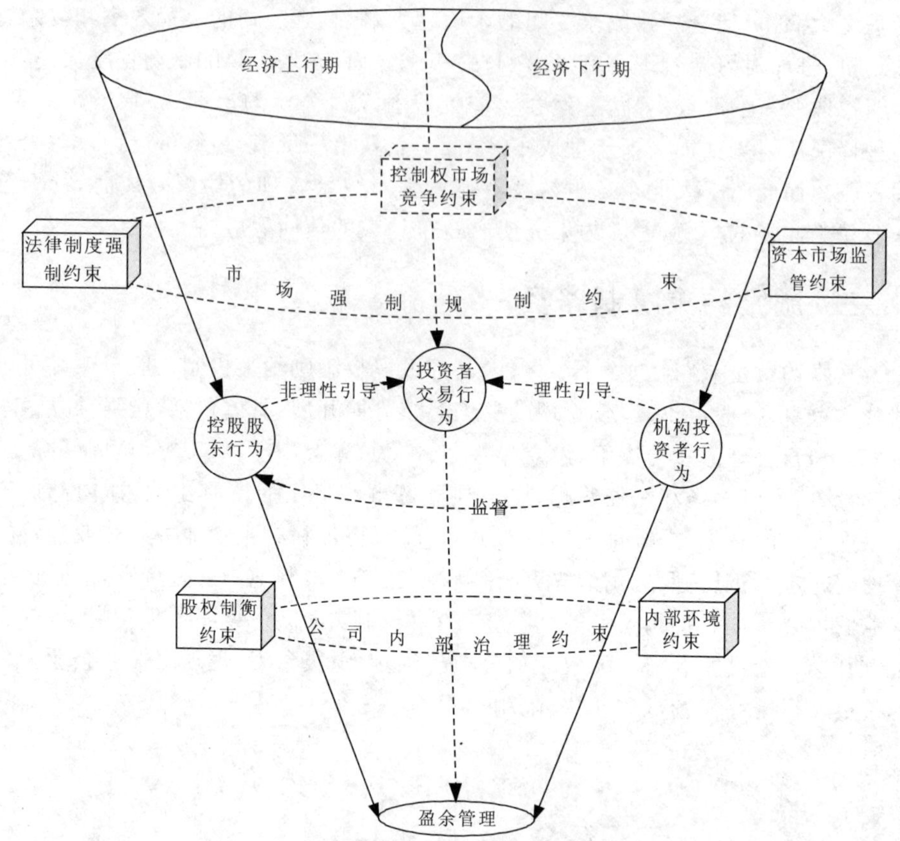

图 6-5　经济周期下市场约束与内部约束对盈余管理的作用过程

场的总需求与总供给上涨，公司周转能力较强，现金流量充裕，上市公司面临较小的经营压力和融资压力。此时面对充裕的现金流，上市公司控股股东容易萌发实现自身利益最大化的盈余管理的动机。而结合前文中不同经济周期阶段下投资者行为影响盈余管理的实证结果可以看出，当经济周期处于上行期时，控股股东行为引起的盈余管理程度较大，机构投资者对公司治理可以起到正面影响，而中小投资者由于来自于市场操纵或信息不对称而产生的负面影响，使得其交易行为对盈余管理的影响较为被动。因此，此时通过机构投资者参与以股权制衡、对控股股东行为的约束，以及独立董事和监事会的监督构成的内部治理约束机制可以起到最为直接的主导作用。而公司内部治理约束机制的约束效应与市场强制规制约束机制密不可分。只有建立完善有效的市场强制规制约束机制，并使其发挥应有的辅助作用，内部治理约束机制才能发挥更高的效用。

(一)上行期内部治理约束路径

根据前文中经济周期对盈余管理的溢出效应分析可以看出，不同经济周期阶段，企业的盈余管理程度存在差异性。在经济上行期，盈余管理的程度较小，说明经济发展较好的时候，公司受市场环境影响产生的压力减弱，公司盈余管理的产生很大程度上受公司内部控制人的影响。因此，上行期公司内部治理约束路径主要是从公司内部约束控股股东利益输送行为出发，并结合机构投资者持股行为的治理效应，从而约束上市公司盈余管理行为。股权制衡的约束通过大股东竞争以及社会公众股的引入，对控股股东利益输送行为进行制衡和约束。在经济上行期，公司现金流量充足且攫利空间大，控股股东利益外输行为加剧，而大股东竞争能够对该行为起到直接制衡的作用。此外，社会公众股的加入能够对大股东的行为进行监控，从而约束大股东的自利行为。内部环境约束通过充分发挥独立董事的监督职能，减少控股股东及其他大股东对董事会的干涉，提升独立性，从而积极对控股股东或经理层的自利行为进行揭露，以达到约束上市公司盈余管理的目的。而董事会和监事会的共同存在同样沿着独立董事的约束路径，通过投资者行为，约束上市公司盈余管理。

(二)经济上行期市场强制规制约束路径

根据机构投资者行为与投资者交易行为在经济上行期对盈余管理影响的研究结果可以看出，在经济上行期，机构投资者行为对盈余管理的影响并不显著，很大程度是由于机构投资者自身投资动机和投资期限存在差异，而投资者交易行为在上行期时很大程度上受外部监管环境以及上市公司信息披露质量的影响。因此，上行期市场强制约束路径主要为资本市场监管约束，而法律制度强制约束及控制权市场约束则起到协助作用。首先，资本市场监管约束机制中的机构投资者监管有益于机构投资者注重长期投资价值，抑制注重短期效益或热衷投机炒作的行为，从而使其在上行期发挥监督效应，约束上市公司盈余管理行为；其次，投资者教育与保护能够从根本上影响投资者交易行为，通过提高投资素质，使其受非理性投资者情绪影响减弱，降低盈余信息对投资者情绪及决策的影响，从而保护外部信息使用者的利益，进一步约束投资者交易行为，影响上市公司的盈余管理行为；再次，法律制度强制约束通过加大对控股股东违规行为的处罚力度，间接抑制了控股股东利益输送行为，而信息披露制度约束有益于外部投资者获取公司信息，减少了非理性的机构投资者行为及投资者交易行为；最后，控制权市场竞争约束的影响路径则是通过外部环境作用，间接抑制控股股东利益输送行为，促进机构投资者的治理效应，从而约束上市公司盈余管理行为。

二、经济下行期市场主导强制规制机制

当经济周期处于下行期时，上市公司经营环境及公司基本面会受到不同程度的冲击。根据前文分析及实证检验结果可以看出，当经济周期处于下行期时，控股股东的利益输送行为有所减弱，因其行为而引起的盈余管理程度也会随之减弱，而机构投资者持股水平与盈余管理程度负相关，投资者交易行为的非理性行为加剧，在经济周期影响下，扩散效应增大，上市公司的市场价值偏离基本价值，且盈余管理程度加大。在经济下行期，基于机构投资者行为及投资者交易行为，从市场出发约束盈余管理的行为更为显著，故此时应以市场强制规制约束为主导，而以公司内部治理约束为辅助。

（一）经济下行期市场强制规制约束路径

由于经济处于下行期时，上市公司受经营压力的影响加大，盈余管理程度加剧，因此市场信息披露水平普遍下降。会计信息作为外部投资者投资决策的依据，直接影响了投资者行为，从而促使投资者萌发了盈余管理动机，从而影响了盈余管理程度。因此，在经济下行期，应以市场规制约束为主导。首先，以政府为主导的管理与调控，降低了经济下行对资本市场的冲击效应，抑制了证券市场的非理性波动与投机行为，减弱了经济周期波动对投资者交易行为的影响，间接约束了上市公司的盈余管理行为；其次，中介机构的规范能够提高市场信息质量，而投资者教育及保护则能够提升中小投资者的抗风险能力，培养正确的投资理念，从而减少非理性行为，发挥投资者交易行为的积极作用，实现他们对盈余管理的约束效应；再次，通过法律制度强制约束，约束上市公司违规行为，提高信息披露整体水平，从而降低市场操纵及外部投资者的非理性行为，发挥稳定市场的作用；最后，为上市公司经营提供帮助，并通过机构投资者引入，在监督控股股东行为的同时，同样发挥积极作用。

（二）经济下行期内部治理约束路径

在经济下行期，盈余管理动机很大程度上与公司经营业绩相关，此时内部治理约束路径在经济下行期起约束盈余管理的辅助作用，且主要集中在内部环境约束，但同样也能减少内部控制人的自利行为。在经济下行期，内部治理约束路径主要体现为董事会及监事会的监督，股权制衡约束则相对次要。由于在经济下行期，管理层很可能迫于经营压力，通过盈余管理满足契约动机，或者控股股东仍存在利益输送行为，因而此时董事会及监事会将会发挥监督效应，通过揭露内部控制人的违规行为，约束上市公司的盈余管理行为。同理，股权制衡约束路

径通过社会公众的引入能够对公司内部起到监督作用，从而抑制内部控制人通过盈余管理达到自身目的的行为，而大股东竞争在经济下行期也在一定程度上抑制了控股股东利益输送行为，约束了上市公司的盈余管理程度。

本章小结

本章基于不同经济周期阶段下投资者行为影响盈余管理的机理分析和实证检验的结果，分别提出了市场强制规制约束机制和公司内部治理约束机制。并在此基础上，结合不同经济周期阶段，设计了不同经济周期阶段下市场约束与公司约束的权变约束机制。

(1)市场强制规制约束机制从资本市场强制约束的路径和资本市场监管约束动力出发，分析它们对盈余管理的影响。资本市场强制约束的路径主要是通过法律监管处罚和信息披露机制，分析它们对投资者行为的约束机制，进而间接约束上市公司的盈余管理程度，并强调了包括政府、中介机构等部门约束上市公司的盈余管理行为发挥的动力作用。

(2)通过以政府为主导调控，中介机构规范为支持，机构投资者监管以及投资者教育为辅助形成资本市场监管约束。从公司治理内部约束机制来看，分别从内部监控机制路径、外部监控路径以及激励约束机制路径共同对盈余管理进行约束。

(3)在市场强制规制约束机制与公司内部治理机制基础上，建立了不同经济周期阶段下市场约束与公司约束权变约束机制。经济上行期时以公司内部约束机制为主导，市场强制规制机制为辅；经济下行期时以市场强制规制约束为主导，公司内部约束机制为辅。

第七章　结论与展望

第一节　主要结论

笔者针对经济周期对盈余管理的溢出效应，从投资者行为对盈余管理影响效应的角度出发，运用规范研究及实证研究方法对不同经济周期阶段下投资者行为与盈余管理的关系进行了深入的研究，并得出了以下结论：

(1)通过对盈余管理产生的机理分析及经济周期对盈余管理影响程度的实证研究，证实了经济周期对盈余管理的溢出效应。笔者根据理论分析与文献综述的梳理，初步分析了经济周期对上市公司经营环境的影响，从而影响了公司基本面，使得上市公司盈余动机随之变化，最终影响了上市公司盈余管理程度，并通过实证检验证明了经济周期对盈余管理具有溢出效应，相比于经济上行期，经济下行期的公司盈余管理的程度明显较大。

(2)通过实证发现控股股东行为影响盈余管理，且在不同经济周期阶段下控股股东行为对盈余管理影响程度不同。根据不同经济周期阶段下控股股东行为与盈余管理的回归结果，发现控股股东利益输送行为对盈余管理的影响显著为正，控股股东利益输送的频率与公司盈余管理的程度成正比，即利益输送越频繁，进行盈余管理的动机和操作可能越大。结合经济周期进一步发现，经济周期同控股股东利益输送行为之间存在相关关系，具体表现为：经济下行期时的控股股东利益输送行为小于经济上行期；同经济下行期相比，控股股东利益输送行为在经济上行期更为严重，且上市公司盈余管理程度加大。

(3)通过实证发现机构投资者行为影响盈余管理，且在不同经济周期阶段下机构投资者行为对盈余管理影响程度不同。根据不同经济周期阶段下机构投资者持股行为与盈余管理的回归结果，发现机构投资者持股行为与盈余管理的关系显著且为负，即机构投资者持股比例越高，进行盈余管理的动机越小。结合经济周期进一步发现，经济周期同机构投资者持股行为之间存在相关关系，在经济上行期，机构投资持股行为抑制盈余管理的作用被弱化；而在经济下行期，机构投资者持股行为抑制盈余管理具有促进作用。

(4)通过实证研究发现,经济周期下盈余管理能够影响投资者情绪。同时进一步考察了盈余管理与投资者情绪的关系以及在不同经济周期阶段下具体的影响路径。通过理论分析和大样本的实证检验了盈余管理与投资者情绪的关系,并研究了不同经济周期阶段下盈余管理对投资者情绪的影响差异。研究结果显示,盈余管理对投资者情绪具有显著正向影响,且由于不同经济周期阶段下资本市场稳定性的差异使得投资者情绪会受到影响,盈余管理对投资者情绪正向影响在经济上行期更为显著。事实上,即使是公司发布类似的消息,在乐观期和悲观期资本市场的反应也不一样,或者是由于投资者的理性反应而非行为偏差,在宏观经济周期波动下,投资者情绪会受到公司基本面、盈余管理信息的影响。

(5)通过实证研究发现,经济周期下盈余管理会对市场波动产生影响。同时分析了外部宏观经济环境的不同时期(经济上行期与经济下行期)和我国上市公司盈余管理及大股东利益输送行为的差异性及其三者之间的联动机理,研究了经济周期和大股东利益输送行为对我国上市公司进行盈余管理的影响,以及股权性质不同的大股东"掏空行为"在不同经济周期阶段下对盈余管理产生的不同作用。

通过样本实证检验了经济上行期和经济下行期的大股东"掏空行为"与盈余管理的关系,发现我国上市公司的盈余管理程度在经济下行期大于经济上行期。在经济上行期,上市公司大股东"掏空行为"对盈余管理活动存在正向影响,"掏空行为"越频繁,盈余管理程度越大;在经济下行期,上市公司"掏空行为"对盈余管理活动存在负相关关系,大股东的掏空程度越大,盈余管理活动越受到抑制。

笔者通过深入分析不同经济周期阶段下投资者行为对盈余管理的影响变化,探寻基于宏观经济周期下投资者行为对盈余管理影响的内在作用机理,并发现在经济周期影响下,投资者行为的变化及其对上市公司盈余管理程度影响过程。此外,笔者还结合经济周期波动,以投资者行为为切入点,研究了经济周期下盈余管理对市场波动的影响,提出了盈余管理内外部约束机制,为有效监督市场、维护资本市场交易秩序、提高公司治理水平、减少资源浪费、抑制上市公司盈余管理行为、保护中小投资者利益等提供有益借鉴。

第二节　研究展望

基于经济周期研究投资者行为与盈余管理之间的关系是一个复杂的问题,笔者以国家自然科学基金项目为基础,以经济周期和投资者行为影响盈余管理程度为切入点,通过实证研究检验了不同经济周期阶段下投资者行为与盈余管理的关系,但仍有很多问题需要进一步协商讨论。

(1)进一步深入分析经济周期对盈余管理的影响路径,界定经济周期对盈余管理的溢出效应。盈余管理溢出效应受到多方面的影响,如企业生存的经营环境、各种投资者以及内部的管理层等。而笔者仅以投资者行为为切入点,研究不同经济周期阶段下投资者行为对盈余管理的影响,故在研究过程中很难将经济周期对盈余管理的溢出效应剥离出来,因而在经济周期对盈余管理的影响路径及溢出效应的研究上存在不足。

(2)系统分析投资者行为、投资者情绪之间的交互作用,以及对盈余管理的系统性影响。由于笔者是在经济周期宏观背景下研究投资者行为对盈余管理的影响,在实证过程中很难在此基础上系统地表示投资者行为的交互作用,因而在研究多种投资行为交互作用以及对盈余管理的共同作用上存在不足,有待进一步深入研究。

(3)深入讨论经济周期下具体的某一类投资者行为对盈余管理的影响。在对投资者行为的选择中,笔者主要选择了投资者行为中具有代表性且可度量的行为作为衡量投资者行为指标。而对于同一类投资者在决策参与程度、投资动机等方面均存在的差异,并未详细说明或测量,因此还需要对单个投资者行为衡量指标进行深入挖掘和研究。

(4)进一步深入分析经济周期下盈余管理的传导扩散,即主要从盈余管理对投资者情绪的影响以及盈余管理对市场波动的影响两个方面进行研究分析。

主要参考文献

薄仙慧,吴联生.国有控股与机构投资者的治理效应:盈余管理视角[J].经济研究,2009(2):81-91,160.

陈浪南,刘宏伟.我国经济周期波动的非对称性和持续性研究[J].经济研究,2007(4):43-52.

陈龙水.我国上市公司股票增发过程中的盈余管理研究[D].杭州:浙江大学,2002.

陈龙水.我国上市公司股票增发过程中的盈余管理研究[D].杭州:浙江大学,2002.

陈武朝.经济周期、行业景气度与盈余管理——来自中国上市公司的经验证据[J].审计研究,2013(5):96-105.

陈小悦,肖星,过晓艳.配股权与上市公司利润操纵[J].经济研究,2000(1):30-36.

陈晓,王琨.关联交易、公司治理与国有股改革——来自我国资本市场的实证证据[J].经济研究,2005(4):77-86,128.

陈晓光,张宇麟.信贷约束、政府消费与中国实际经济周期[J].经济研究,2010(12):48-59.

陈志国,周稳海.我国证券市场"末班车现象"与市场有效性的经验分析[J].商业研究,2005(24):141-144.

成思危,李自然.投资者行为与股市波动[J].南开经济研究,2004(6):83-93.

程书强.机构投资者持股与上市公司会计盈余信息关系实证研究[J].管理世界,2006(9):129-136.

崔学刚.公司治理机制对公司透明度的影响——来自中国上市公司的经验数据[J].会计研究,2004(8):72-80,97.

戴亦一,潘越,刘思超.媒体监督、政府干预与公司治理:来自中国上市公司财务重述视角的证据[J].世界经济,2011(11):121-144.

邓忆瑞.基于网络维力的信息扩散研究[D].哈尔滨:哈尔滨工程大学,

2008.

丁方飞，刘维，侯宁宁，等. 机构投资者异质性与公司股价反映未来盈余信息的关系[J]. 财会月刊，2013(2)：3-6.

董进. 宏观经济波动周期的测度[J]. 经济研究，2006(7)：41-48.

董进. 宏观经济波动周期的测度[J]. 经济研究，2006(7)：41-48.

高敬忠，周晓苏，王英允. 机构投资者持股对信息披露的治理作用研究——以管理层盈余预告为例[J]. 南开管理评论，2011(5)：129-140.

高雷，张杰. 公司治理、机构投资者与盈余管理[J]. 会计研究，2008(9)：64-72，96.

高雷，张杰. 公司治理、资金占用与盈余管理[J]. 金融研究，2009(5)：121-140.

高燕. 上市公司会计政策选择[J]. 内蒙古科技与经济，2008(5)：27-28.

高燕. 所有权结构、终极控制人与盈余管理[J]. 审计研究，2008(6)：59-70.

郜志宇. 经济剧烈波动条件下矿业企业价值评估研究——以铁矿企业为例[D]. 武汉：中国地质大学，2011.

龚敏，李文溥. 中国经济波动的总供给与总需求冲击作用分析[J]. 经济研究，2007(11)：32-44.

顾鸣润，田存志. IPO 后业绩变脸与真实盈余管理分析[J]. 统计与决策，2012(1)：164-167.

贺建刚，魏明海，刘峰. 利益输送、媒体监督与公司治理：五粮液案例研究[J]. 管理世界，2008(10)：141-150，164.

洪荭，胡华夏，郭春飞. 基于 GONE 理论的上市公司财务报告舞弊识别研究[J]. 会计研究，2012(8)：84-90，97.

侯宇，叶冬艳. 机构投资者、知情人交易和市场效率——来自中国资本市场的实证证据[J]. 金融研究，2008(4)：131-145.

胡华夏，韩艳. 舞弊性财务报告形成的内在因素分析[J]. 财会通讯(综合版)，2007(8)：15-17.

胡华夏，洪荭，向铧平. 经济周期、现金持有量与企业投资行为[J]. 财会月刊，2014(6)：24-28.

胡华夏，鲁顺. 基于 EVA 的上市公司绩效实证分析[J]. 财会通讯：理财版，2008(10)：115-116.

胡永刚，郭长林，李艳鹤. 财政政策扩张、偿债方式与居民消费[J]. 管理世界，2013(2)：64-77.

江龙，刘笑松. 经济周期波动与上市公司现金持有行为研究[J]. 会计研究，

2011(9):40-46.

蒋玉梅,王明照.投资者情绪与股票收益:总体效应与横截面效应的实证研究[J].南开管理评论,2010(3):150-160.

李连发,辛晓岱.银行信贷、经济周期与货币政策调控:1984—2011[J].经济研究,2012(3):102-114.

李琳,刘凤委,卢文彬.基于公司业绩波动性的股权制衡治理效应研究[J].管理世界,2009(5):145-151.

李心丹,王冀宁,傅浩.中国个体证券投资者交易行为的实证研究[J].经济研究,2002(11):54-63,94.

李增福,董志强,连玉君.应计项目盈余管理还是真实活动盈余管理?——基于我国2007年所得税改革的研究[J].管理世界,2011(1):121-134.

李增福,林盛天,连玉君.国有控股、机构投资者与真实活动的盈余管理[J].管理工程学报,2013(3):35-44.

李增福,郑友环,连玉君.股权再融资、盈余管理与上市公司业绩滑坡——基于应计项目操控与真实活动操控方式下的研究[J].中国管理科学,2011(2):49-56.

李增福,郑友环.避税动因的盈余管理方式比较——基于应计项目操控和真实活动操控的研究[J].财经研究,2010(6):80-89.

李增福,周婷.规模、控制人性质与盈余管理[J].南开管理评论,2013(6):81-94.

李增福,周婷.规模、控制人性质与盈余管理[J].南开管理评论,2013(6):81-94.

李增泉,孙铮,王志伟."掏空"与所有权安排——来自我国上市公司大股东资金占用的经验证据[J].会计研究,2004(12):3-13,97.

连燕玲,贺小刚,张远飞,等.危机冲击、大股东"管家角色"与企业绩效——基于中国上市公司的实证分析[J].管理世界,2012(9):142-155.

刘恒,陈述云.中国经济周期波动的新态势[J].管理世界,2003(3):5-16,154.

刘树成,张平,张晓晶.中国的经济增长与周期波动[J].宏观经济研究,2005(12):15-20.

刘树成.论中国经济周期波动的新阶段[J].经济研究,1996(11):3-10.

刘幸.盈余管理对股价的影响及其实证分析[D].北京:华北电力大学,2008.

陆建桥.中国亏损上市公司盈余管理实证研究[J].会计研究,1999(9):25-

35.

陆静，孟卫东，廖刚. 上市公司会计盈利、现金流量与股票价格的实证研究[J]. 经济科学，2002(5)：34-42.

陆宇建. 上市公司盈余管理行为对配股政策反应的实证研究[J]. 中国软科学，2003(6)：47-51.

陆正飞，魏涛. 配股后业绩下降：盈余管理后果与真实业绩滑坡[J]. 会计研究，2006(8)：52-59，97.

吕光明. 供求冲击与中国经济波动：基于 SVAR 模型的甄别分析[J]. 统计研究，2009(7)：20-27.

马曙光，黄志忠，薛云奎. 股权分置、资金侵占与上市公司现金股利政策[J]. 会计研究，2005(9)：44-50，96.

孟焰，张秀梅. 上市公司关联方交易盈余管理与关联方利益转移关系研究[J]. 会计研究，2006(4)：37-43，94.

孟焰，张秀梅. 上市公司关联方交易盈余管理与关联方利益转移关系研究[J]. 会计研究，2006(4)：37-43.

牛建波. 董事会规模的治理效应研究——基于业绩波动的新解释[J]. 中南财经政法大学学报，2009(1)：112-118.

潘红波，余明桂. 政治关系、控股股东利益输送与民营企业绩效[J]. 南开管理评论，2010(4)：14-27.

祁斌，黄明，陈卓思. 机构投资者与市场有效性[J]. 金融研究，2006，03：76-84.

沈艺峰. 会计信息披露和我国股票市场半强式有效性的实证分析[J]. 会计研究，1996(1)：14-17.

施东晖，陈启欢. 信息不对称下的投资者类型与交易行为——来自上海股市的经验证据[J]. 经济科学，2004(5)：58-66.

石军. 公司成长性与盈余管理[J]. 西安交通大学学报(社会科学版)，2011(1)：48-50，73.

石晓军，张顺明. 商业信用、融资约束及效率影响[J]. 经济研究，2010(1)：102-114.

苏冬蔚，林大庞. 股权激励、盈余管理与公司治理[J]. 经济研究，2010(11)：88-100.

宿淑玲. 信息不对称视角下中国上市公司股权结构与股利政策关系研究[D]. 济南：山东大学，2012.

孙培源，施东晖. 基于 CAPM 的中国股市羊群行为研究——兼与宋军、吴冲锋先生商榷[J]. 经济研究,2002(2):64-70,94.

谭劲松,郑国坚. 产权安排、治理机制、政企关系与企业效率——以“科龙”和“美的”为例[J]. 管理世界,2004(2):104-116,156.

谭跃,夏芳. 股价与中国上市公司投资——盈余管理与投资者情绪的交叉研究[J]. 会计研究,2011,08:30-39+95.

王成勇,艾春荣. 中国经济周期阶段的非线性平滑转换[J]. 经济研究,2010(3):78-90.

王福胜,吉姗姗,程富. 盈余管理对上市公司未来经营业绩的影响研究——基于应计盈余管理与真实盈余管理比较视角[J]. 南开管理评论,2014(2):95-106.

王化成,佟岩. 控股股东与盈余质量——基于盈余反应系数的考察[J]. 会计研究,2006(2):66-74,97.

王建军,陈珍珍. 对我国经济增长周期的实证研究[J]. 统计与决策,2007(1):87-88.

王琨,肖星. 机构投资者持股与关联方占用的实证研究[J]. 南开管理评论,2005(2):27-33.

王立勇,张代强,刘文革. 开放经济下我国非线性货币政策的非对称效应研究[J]. 经济研究,2010(9):4-16.

王美今,孙建军. 中国股市收益、收益波动与投资者情绪[J]. 经济研究,2004(10):75-83.

王奇波. 机构投资者参与的控制权竞争研究[J]. 经济科学,2005(6):54-64.

王永海,王铁林,李青原. 机构投资者参与公司治理积极性的分析[J]. 南开管理评论,2007(1):4-7,15.

王跃堂,王亮亮,贡彩萍. 所得税改革、盈余管理及其经济后果[J]. 经济研究,2009(3):86-98.

王跃堂. 对证券市场监管政策的经济后果的分析[J]. 经济科学,1999(5):82-87.

魏明海. 盈余管理基本理论及其研究述评[J]. 会计研究,2000(9):37-42.

吴联生,薄仙慧,王亚平. 避免亏损的盈余管理程度:上市公司与非上市公司的比较[J]. 会计研究,2007(2):44-51,91.

吴联生,申慧慧,薄仙慧. 协商式转移定价与成本转移[J]. 管理世界,2008(2):110-116,188.

吴先聪. 政府干预、机构持股与公司业绩[J]. 管理评论,2012(10):38-48,66.

吴晓辉.信用风险分析的基本要素及其相互关系研究[J].金融发展研究,2012(2):68-72.

许年行,洪涛,吴世农,徐信忠.信息传递模式、投资者心理偏差与股价“同涨同跌”现象[J].经济研究,2011(4):135-146.

许年行,吴世农.我国上市公司股权分置改革中的锚定效应研究[J].经济研究,2007(1):114-125.

许志伟,薛鹤翔,车大为.中国存货投资的周期性研究——基于采购经理人指数的动态视角[J].经济研究,2012(8):81-92.

叶建芳,李丹蒙,丁琼.真实环境下机构投资者持股与公司透明度研究——基于遗漏变量与互为因果的内生性检验分析视角[J].财经研究,2009(1):49-60.

叶建芳,周兰,李丹蒙,等.管理层动机、会计政策选择与盈余管理——基于新会计准则下上市公司金融资产分类的实证研究[J].会计研究,2009(3):25-30,94.

叶康涛,陆正飞,张志华.独立董事能否抑制大股东的“掏空”?[J].经济研究,2007(4):101-111.

于忠泊,田高良,齐保垒,张皓.媒体关注的公司治理机制——基于盈余管理视角的考察[J].管理世界,2011(9):127-140.

于忠泊,田高良,齐保垒,张皓.媒体关注的公司治理机制——基于盈余管理视角的考察[J].管理世界,2011(9):127-140.

俞向前,万威武.我国上市公司收入平滑盈余管理对股价影响的实证研究[J].西安交通大学学报(社会科学版),2006(3):20-23.

张光荣,曾勇.大股东的支撑行为与隧道行为——基于托普软件的案例研究[J].管理世界,2006(8):126-135,172.

张继伟.上市公司基于股权再融资的盈余管理实证研究[D].哈尔滨:哈尔滨工业大学,2006.

张荣武,廖微,聂慧丽.投资者过度自信与股票价格的实证研究——基于经济周期视角[J].江汉论坛,2013(2):75-79.

张荣武,沈庆元,聂慧丽.经济周期、投资者心理偏差与资产定价[J].会计研究,2011(7):45-51.

张维,赵帅特.认知偏差、异质期望与资产定价[J].管理科学学报,2010(1):52-59.

张祥建,郭岚.盈余管理与控制性大股东的“隧道行为”——来自配股公司的证据[J].南开经济研究,2007(6):76-93.

张祥建，徐晋．股权再融资与大股东控制的“隧道效应”——对上市公司股权再融资偏好的再解释[J]．管理世界，2005(11)：127-136，151．

张祥建，徐晋．投资者是否被上市公司的盈余管理行为所误导？——来自配股融资的证据[J]．南方经济，2006(8)：17-31．

张宗新，王海亮．投资者情绪、主观信念调整与市场波动[J]．金融研究，2013(4)：142-155．

张宗新，朱伟骅．通胀幻觉、预期偏差和股市估值[J]．金融研究，2010(5)：116-132．

章卫东，张洪辉，邹斌．政府干预、大股东资产注入：支持抑或掏空[J]．会计研究，2012(8)：34-40，96．

章卫东．定向增发新股与盈余管理——来自中国证券市场的经验证据[J]．管理世界，2010(1)：54-63，73．

赵春光．现金流量价值相关性的实证研究——兼评现金流量表准则的实施效果[J]．会计研究，2004(2)：29-35．

赵学军，王永宏．中国股市“处置效应”的实证分析[J]．金融研究，2001(7)：92-97．

赵宇龙，王志台．我国证券市场“功能锁定”现象的实证研究[J]．经济研究，1999(9)：56-63．

赵宇龙．会计盈余披露的信息含量——来自上海股市的经验证据[J]．经济研究，1998(7)：42-50．

赵振全，于震，刘淼．金融加速器效应在中国存在吗？[J]．经济研究，2007(6)：27-38．

郑琦，陈鹄飞．上市公司增发新股政策的变更及有效性研究[J]．审计与经济研究，2009(6)：103-108．

郑琦，陈鹄飞．上市公司增发新股政策的变更及有效性研究[J]．审计与经济研究，2009，24(6)：103-108．

郑琦．定向增发公司盈余管理研究[J]．上海金融学院学报，2009(3)：53-58．

郑挺国，王霞．中国经济周期的混频数据测度及实时分析[J]．经济研究，2013(6)：58-70．

支晓强，童盼．盈余管理、控制权转移与独立董事变更——兼论独立董事治理作用的发挥[J]．管理世界，2005(11)：137-144．

庄子罐，崔小勇，龚六堂，邹恒甫．预期与经济波动：预期冲击是驱动中国经济波动的主要力量吗？[J]．经济研究，2012(6)：46-59．

ABARBANELL J，LEHAVY R. Biased Forecasts or Biased Earning? The

Role of Reported Earnings in Explaining Apparent Bias and Over/Under reaction in Analysts' Earnings Forecasts[J]. Journal of Accounting and Economics, 2003, 36 (1):105-146.

AHARNOY J,LEE C J, Wong T J. Financial Packaging of IPO Firms in China[J]. Journal of Accounting Research. 2000(38):103-126.

BAKER M, WURGLER J. Investor Sentiment in The Stock Market[J]. Journal of Economic Perspectives, 2007(21):129-151.

BANERJEE A V. A Simple Model of Herd Behavior[J]. The Quarterly Journal of Economics,2006,61(4):1654-1681.

BEJA A,GOLDMAN M B. On the Dynamic Behavior of Price in Disequilibrium[J]. Journal of Finance,1980,35(2):235-248.

BERGEMANN D,VALIMAKI J. Dynamic Common Agency[J]. Journal of Economic Theory,2003,111(1):23-48.

BERNHEIM B D,WHINSTON M D. Common Marketing Agency As A Device for Facilitating Conclusion[J]. The Rand Journal of Economic,1985,16 (2):269-281.

BESTER H,STRAUSZ R. Imperfect Commitment and The Revelation Principle:The Multi-agent Case[J]. Economics Letters,2000,69(2):165-171.

BONDT R H, THALER R H. Financial Decision-making In Markets and Firms: A Behavioral Perspective[J]. Handbooks in Operations Research & Management Science, 1995:385-410.

COASE R H. The Nature of the Firm(1937)[M]. New York:Oxford University Press,1993.

D'SOUZA J M,RAMESH K, MIN SHEN. The Interdependence between Institutional Ownership and Information Dissemination by Data Aggregators [J]. The Accounting Review,2010 (1):159-193.

DEANGELO H,DEANGLO L,SKINNER D J. Accounting Choice in Troubled Companies[J]. Journal of Accounting and Economics,1994, 17 (1): 113-143.

DECHOW P M,SLOAN R G,SWEENYA P. Causes and Consequences of Earnings Manipulation:An Analysis of Firms Subject to Enforcement Actions by The SEC[J]. Contemporary Accounting Research,1996(13):1-36.

DICHEV I. D, Tang V W. Earning Volatility and Earning Predictability [J]. Journal of Accounting and Economics, 2009,(47): 160-181.

DIKOLLI S S, KUPL S C. Interlaced Performance Measures, Interactive Effort, and Optimal Incentive[J]. Harvard NOM Research Paper, 2002(3-17): 13-21.

FACCIO M, LANG L H P. The Ultimate Ownership of Western European Corporation[J]. Journal of Financial Economics, 2002 ,65(3):365-395.

FRIEDMAN E, JOHNSON S, MITTON T. Propping and Tunneling [J]. Journal of Comparative Economics, 2003 (31):732-750.

GILLAN S L START L T. Corporate Governance Proposals and Shareholder Activism: The Role of Institutional Investors [J]. Journal of Financial Economics, 2000, 57(2):275-305.

GOYAL V, YAMADA T. Asset Price Shocks[J]. Financial Constraints and Investment: Evidence from Japan [J]. Social Science Electronic Publishing, 2003, 77(1):1775-200.

GUNNY K A. The Relation between Earnings Management Using Real Activities Manipulation and Future Performance: Evidence from Meeting Earnings Benchmarks [J]. Contemporary Accounting Research. 2010(27):855-888.

GUTHRIE K, SOKOLOWSKY J. Large Shareholders and The Pressure to Manage Earnigns[J]. Journal of Corporate Finance, 2010, 16(3):302-319.

HEALY P M, WAHLEN J M. A Review of the Earnings Management Literature and Its Implications for Standard Setting[J]. Accounting Horizons, 1999, 13(4):365-383.

HOLMASTROM B, MILGROM P. Multitask Principle—agent Analyses: Incentive Contracts, Asset Ownership and Job Design[J]. Journal of Law, Economics & Organization, 2015, 7(7):24-52.

HOLMASTROM B. Moral Hazard in Teams[J]. The Bell Journal Economics, 1982, 13(2):324-340.

JENSEN M C, MECKLING W H. Theory of the Firm: Managerial Behavior, Agency Costs and Ownership Structure[J]. Journal of Financial Economics, 1976, 3(4):305-360.

JOHNSON S R, Lopez—de—Slianes, Shleifer A. Tunneling[J]. American Economic Review Papers and Proceedings, 2000(5):22-27.

JONES J J. Earnings Management During Import Relief Investigation[J]. Journal of Accounting Research, 1991, 29(2):193-228.

KHALIL F, MARTIMORT D, PARIGI B. Monitoring A Common Agent:

Implications for Financial Contracting[J]. Journal of Economic Theory, 2007, 135(1):35-67.

KIM O, VERRECCHIA R E. The Relation among Disclosure, Returns and Trading Volume Information[J]. The Accounting Review, 2001 (76):633-654.

KLEIN A, MARQUARDT C A. Fundamentals of Accounting Losses[J]. Accounting Review, 2006, 81:179-206.

KLEIN P A, MOORE G H. Monitoring Growth Cycles in Market—Oriented Countries : Developing and Using International Economic Indicators[J]Economic Journal, 1985:0-27.

KOH P S. Institutional Investor Type, Earnings Management and Benchmark Beaters [J]. Journal of Corporation Finance, 1998 (26):185-20.

LEE I, LOUGHRAN T. Performance Following Convertible Bond Issuance [J]. Journal of Corporation Finance, 1998 (26):185-20.

LEE T S, YEHYH. Corporate Governance and Financial Distress: Evidence from Taiwan [J]. An International Review, 2004(3):378-388.

LEUZ C, NANDA D, PERTER D Y. Earnings Management and Investor Protection: An International Comparison[J]. Journal of Financial Economics, 2003 (69):505-527.

LIN Z, MICHAEL S H. Earnings Management in Economic Downturns and Adjacent Periods: Evidence from the 1990—1991 Recession[R]. Working Paper, National University of Singapore, 2003.

LOEWENSTEIN G. Emotions in Economic Theory and Economic Behavior [J]. American Economic Review, 2000, 42(7):426-432.

MAGEE R P. Industry-wide Commonalities in Earnings[J]. Journal of Accounting Research, 1974, 12(2):270-287.

MALCOMOSON J M. Rank Order Contracts for A Principle with Many Agents[J]. The Review of Economic Studies, 1986, 53(5):807-817.

MARTIMONRT D, STOLE L. The Relegation and Delegation Principle in Common Agency Games[J]. The Econometrical, 2002, 70(4):1659-1673.

MOLOALELJ T, MOKOTELI R J T. Behavior Bias and Conflicts of Interest in Analyst Stock Recommendations[J]. Journal of Business, 2009 (36): 384-418.

MOOKHERJEE D. Optimal Incentive Schemes with Many Agents[J]. The Review of Economic Studies, 1984, 51(3):433-446.

POLK C, SAPIENZA P. The Stock Market and Corporate Investment：A Test of Catering Theory[J]. The Review of Financial Studies，2009，22(1)：187-217.

POURCIAU S. Earnings Management and Nonrounitne Executive Changes[J]. Journal of Accounting and Economics，1993，16(1)：317-336.

RAMAKRISHNAN R T S，THAKOR AV. Cooperation Versus Competition in Agency[J]. Journal of Law, Economics &Organization，1991，17(9)：248-283.

SCHARFSTEIN D，STEIN J. Herd Behavior and Investment[J]. American Economic Review, 1990(80)：465-479.

SHEFRIN H M，THALER R H. The Behavior Life-cycle Hypothesis[J]. Quasi Rational Economics，1998, 27(9)：91-126.

VIDHAN K. GOYAL K Y . Asset Price Shocks, Financial Constraints, and Investment: Evidence from Japan[J] Social Science Electronic Publishing, 2003, 77(1)：175-200.